시간에서
공간으로

시간에서 공간으로

1965년 여름의 열기 속으로

2023년 7월 20일 처음 펴냄

지은이 | 한숭홍
펴낸이 | 김영호
펴낸곳 | 도서출판 동연
등 록 | 제1-1383호(1992. 6. 12)
주 소 | 서울시 마포구 월드컵로 163-3
전 화 | (02)335-2630
전 송 | (02)335-2640
이메일 | yh4321@gmail.com
S N S | instagram.com/dongyeon_press

ISBN 978-89-6447-919-3 03040

1965년 여름의
열기 속으로

시간에서
공간으로

한숭홍 지음

동연

　1965년 여름, 36일간의 한국일주 여행은 지금까지 내가 경험했던 그 어떤 여행과도 비견될 수 없을 정도로 값진 것이었다. 가는 곳마다 얽어졌던 인연은 내 삶의 지평을 넓혀주었고, 아름답고 풋풋한 저들의 살 내음은 오랫동안 그리운 추억으로 뇌리에 남아있었다.

　7월 26일부터 8월 30일까지 곳곳을 누비며 다녔던 긴 여정에서 직접 보고, 느끼고, 인상에 담았던 경험들은 훗날 내가 세계로 도약하는데 자신감을 북돋아 주었다. 이 또한 얼마나 귀하고 우연 속에서 찾아낸 행운이었던가.

　나는 유적지에 들를 때마다 사적史蹟 기록 설명문을 수첩에 꼼꼼히 적어두었고, 잠자리에 들기 전에 그날의 여행 일기도 자세히 노트해 두곤 했다. 「Christian World Review」에 "시간에서 공간으로"라는 제목으로 연재하며 이렇게 간직했던 기록들이 증빙 자료가 되었다.

　내게는 방학만 되면 며칠이라도 집을 떠나 이곳저곳을 유랑하며 보헤미안을 닮은 생활을 하고 싶은 충동이랄까, 그런 성향이 있다. 이런 버릇이 방랑벽인지 태생적 역마살인지 알 수는 없지만, 어쨌든 이상하다는 생각이 들 정도로 나도 나를 이해할 수 없을 때가 있다. 어느 때는 친구들이 동행하고 싶다고 하여 같이 길을 떠나기도 했는데, 이번에는 재일교포 김신환 목사님이 동행하고자 하여 이참에 한국을 일주하기로 했다.

　『시간에서 공간으로』라는 제목으로 반년이 넘도록 「Christian World Review」에 연재해 주신 장석찬 선생님께 깊은 감사를 드린다.

2023년 여름
한숭홍

한국의 최북단, 대진에서

기차는 빗속을 달리는데

:

　기차가 춘천을 향해 북상하는 동안 비는 계속해서 내렸다. 나는 기차가 철도 연변에 이어져 있는 판잣집 사이를 벗어나 밭이랑 농가, 마을이랑 들판을 지나면서부터 눈을 차창 밖으로 돌려 여행의 기분을 차분히 가라앉히기 시작했다.

　푸른 들판과 꼬부랑꼬부랑 이어진 전답들 그리고 빗속에서 일하는 농부의 모습이 평화로워 보인다. 손을 흔드는 어린 목동의 맑고 천진무구한 웃음은 미지未知에 대한 여행자의 설레는 가슴에 깊은 서정을 안겨준다.

□　7월 26일 여행 경로: [서울-춘천-홍천-인제-간성-거진-대진] <한국관광지도>(1965.3.20.)에 경로 표시

　　시골은 정이 있고, 소박한 웃음이 있고, 푸른 초원에서 풍기는 시詩가 있어 어디를 가나 순수하고 아름답다.

　　차창 밖의 풍경은 자꾸 바뀌면서 반복된다. 시골이 태고의 안식처처럼 다가온다. 수줍은 처녀의 마음속 풍정을 띄워 보내기도 했던 개울과 샛강 물결엔 향토鄕土 내음이 저린 향수가 흘러가고 있는 듯하다. 이게 시골스러운 정취 아닐까. 차창 밖, 스쳐 가는 풍광을 보며 잠시 이런 감상에 젖었다.

　　언제부터인지 분명하지는 않지만 나는 여행하면서 시골의 이런 순박한 맛과 멋을 느낄 수 있기에 연년이 여름에는 여행병 환자가 되어 유혹의 곳으로 나의 몸을 맡기곤 한다. 한 곳이라도 더 보기 위해서는 굶어도 좋다. 아니, 몇 끼를 절약하면서 보는 것이 나의 삶에 더욱 인상 깊은 체험이 되는지도 모른다.

기차는 시골 정거장에 멈출 때마다 승객들이 오르내리고는 또다시 북동쪽으로 숨차게 달린다.

대성리에서부터 북한강 물줄기가 잿빛으로 뿌옇게 보이더니 청평 저수지에 가까워지면서 물빛은 점점 검푸르게 보였다. 청평 수력발전소 댐 수문으로부터는 만수된 물이 폭포수처럼 강 밑으로 쏟아져 하얗게 부서지고 있었다.

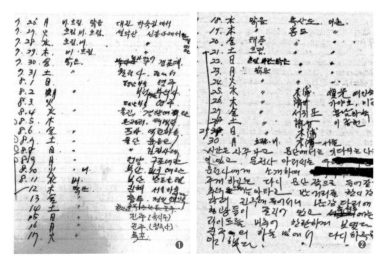

□   여행 일정표 : 1965.7.26.(월)~8.30.(월) ❶(1965.7.26.~8.17.), ❷(1965.8.18.~8.30.)

강에는 장마로 부서진 가옥 자재들과 솎아놓았던 잡목들, 벌채해 두었던 통나무들이 넘실거리며 떠내려가고 있었고, 강가에는 모래와 자갈이 뒤섞여 있었다. 춘천 지구 수해가 심했다는 신문 보도가 문득 생각난다.

기차는 청평 저수지를 멀리 두고 점점 산속으로 접어들었다. 그리고 한참 동안 들판을 달리다가 소양강을 옆에 끼게 되었다. 이곳도 수해가 심한 지역이었다. 공병대 군인들이 트럭과 군용 장비로 복구 공사를 하는 광경이 곳곳에서 눈에 띄었다. 수재민들은 강가 언덕에 야전용 천막을 치고 가재도구를 챙겨 놓은 채 서성거렸다. 저들의 모습은 슬프게 보였다. 그러나 삶에 대한 강한 의지가 마음속 깊숙이 스며 있는 표정들이었다. 그러기에 오늘은 슬퍼도 내일은 희망 속에서 맞으려 하는지도 모른다.

기차가 춘천에 도착할 때쯤에 비가 그쳤다. 그러나 하늘은 여전히 먹구름이 오락가락하고 있어 날씨는 계속 속을 태웠다.

우리는 우선 화천으로 가는 버스가 몇 시에 있는지 알아보려고 시외버스 정류장 옆에 있는 여객 사무실에 들렀다. 화천의 파로호는 화천 수력발전소와 더불어 이번 여행의 첫 목적지였기 때문이다.

매표소 직원은 "이번 홍수로 화천 방면으로 가는 도로가 유실되어 당분간 그곳으로 가는 버스를 운행하지 않는다"라고 한다. 하는 수 없이 우리는 다음 목적지인 대진 어항을 향해 갈 길을 서둘러야 했다.

오후가 되면서부터 날씨가 조금씩 개기 시작했다. 우리는 춘천역 앞 간이식당에서 점심을 먹고 간성 가는 버스에 자리를 잡았다. 홍천과 인제를 지나 원통에 이르는 동안 버스는 고갯길을 여러 차례 아슬아슬하게 넘어가곤 했다. 곳곳의 검문소에서는 총을 멘 군인들이 버스에 올라와 검문하였다.

노을 녘 동해 물결

:

버스는 진부령 산등성과 계곡 사이를 쉼 없이 굽이돌며 숨 가쁘게 달려 저녁해가 질 무렵 간성에 도착했다.

간성에서 차를 바꿔 탔다. 차는 동해안을 우편으로 하고 38선 북쪽으로 올라간다. 50분간을 북쪽으로 향해 달리는 버스의 차창으로는 낯선 풍경이 펼쳐진다. 차창 가에서 바라보는 노을 녘 동해 물결, 신비와 찬란함과 수억만 년을 묵묵히 지켜온 창생의 속삭임을 누군들 경탄하지 아니하며 바라볼 수 있으랴.

대진에서 첫 밤을 보내며

:

버스는 거진巨津을 거쳐 최종 목적지에 도착했다. 이곳은 여행길 나그네가 갈 수 있는 한국의 최북단이며, 동해의 맑은 물결이 출렁이는 곳, 바로 대진大津이다. 이곳 주민들은 주로 농업과 어업에 종사하며 생계를 이어가는데, 농작물 판매 소득보다는 오징어잡이 배들이 벌어들이는 돈이 가계를 지탱하는 큰 수입원이라고 한다.

오징어 20마리 한 두름이 90원에서 100원이라고 하는데, 거래가 빈번하다. 배가 들어올 때는 인근 각지에서 사람들이 모여들어 오징어를 사 가기도 하고, 오징어 배를 가르는 작업을 돕기도 한다. 한 철이지만 이곳은 새벽마다 반짝 열리는 이 고장의 토속적인 어시장인 셈이다.

대진은 6·25 전쟁 후 남한의 영토가 됨으로써 멀리 남해안 지방에서도 오징어 철이 되면 수십 척의 배들이 몰려오기 때문에 이들 원정 어선들에서 떨어지는 돈이 많다고 한다. 그뿐만 아니라 술집이 부둣가에 늘어나며 멀리 내륙 지방에서도 이곳까지 영업하러 온다고 한다. 이때가 되면 술집 여자들의 노랫가락이 낮에도 곳곳에서 흘러나와 한철이나마 성시를 이루곤 한다. 주머니가 두둑해진 선원들의 기쁜 비명과 꽃 파는 웃음소리가 작은 어촌을 들썩이곤 한다니….

오징어잡이는 고기잡이하는 것과는 판이하다. 낮에는 배를 해안가에 정박해 놓고 선원들은 갑판에서 어구를 손질하거나 낮잠을 즐기기도 하지만, 다른 어장과 달리 이곳은 낮부터 술집에서 즐기기도 한다. 그도 그럴 것이 오징어잡이는 저녁에 나가서 밤을 새워가며 집어등을 밝혀 오징어가 모이면, 물속으로 드리워진 특수 바늘이 매달린 수백 개의 낚싯줄로 집어등에 모여든 오징어를 낚아내는 것이다. 저녁에 출항한 배는 새날 동틀 무렵에 입항하기 시작한다.

여기를 생활의 터전으로 삼고, 그들의 생명을 바다에 내맡긴 어부들과 술집에서 흘러나오는 노랫가락이 골목을 들썩이는 작은 어촌, 대진. 건건한 바닷바람이 목덜미를 타고 나의 폐부로 스며든다. 곳곳에서 오징어 말리는 풍경이 정겹게 다가온다.

동해안 어촌 교회 부흥회에서 들려오는 풍금 반주에 맞춘 찬송가 소리가 파도 소리에 뒤섞여 가냘프게 들려온다. 잠자리에 누워 이런저런 생각에 잠기다 보니 잠이 쏟아진다. 밤도 깊어간다.

초도리-화진포-영랑호에서

새벽을 여는 예배당 종소리

:

여인숙 창호지 문으로 동틀 녘의 불그레한 빛이 슬그미 들어오고 있었다. 붉은 벽돌 이 층으로 된 대진 감리교회의 종탑에서 낭랑히 퍼져가는 맑은 종소리, 새벽 기도회에서 들려오는 찬송가 소리를 들으며 나는 잠자리를 벗어났다.

오늘의 여행 일정을 생각하며 서둘러 어촌의 풍경을 보러 김신환 목사님과 함께 바닷가로 나갔더니 벌써 포구에는 오징어잡이 나갔던 배들 주변으로 많은 사람이 북적거리고 있었다.

싱싱한 오징어 거래가 빈번하다. 두름 단위로 거래하는 부둣가

□   여행하며 사용한 지도
       (대한여행사, 1965. 3. 20. 발행)

선창 마당의 정취에 젖어 한참 동안 저들의 생태를 주시해 보았다.

저들에겐 바다가 삶의 터전이므로 바다에 대한 경외심은 일상생활 속에 신앙으로 자리잡혀 있었다.

초도리의 여름 바다와 하늘

:

아침 밥상을 물리고 오늘의 여정을 시작했다. 우리는 마을 어귀에서 만난 소년에게 길 안내를 부탁하고, 그를 따라 초도리를 향해 걸어갔다. 얼마나 떨어져 있는지 알 수는 없었으나 한참을 걸어 닿은 곳이 초도리 해변이었다. 그 앞으로는 갯물이 고인 듯한 넓고 잔잔한 바다가 바람결에 일렁이며 반짝이고 있었다. 모래언덕에는 잡초가 무성하다. 바람에 하늘거리는 풀잎 그림자와 솜구름이 맑고 푸른 물결 위에 그려가고 있는 한 폭의 수채화는 인적이 끊겨 적막한 이곳에 자연의 순수한 숨결을 덧칠해가고 있었다. 물가 숲에는 폐선인 듯한 쪽배 한 척이 얹혀 있었고, 한 척은 물가에 외로이 서 있는 노송에 묶여 흔들거리고 있었다.

우리는 그 주변을 끼고 바닷가 바위 밑으로 내려갔다. 그곳에는 야영객이 쳐놓은 것으로 보이는 A형 텐트만 하나 있을 뿐, 인적이 끊겨 쓸쓸함만 고적히 잠겨 있었다. 맑고 푸른 바다와 하얀 모래벌판과 파란 하늘이 서로 맞닿은 곳, 천연의 순결한 멋을 드러내고 있는 듯한 이곳 바다는 너무 아름다웠다.

하지만 나는 이내 이 아름다움에 잠겨있는 것은 고독과 그리움과 내일에 대한 빛 속의 꿈같은 미묘한 어떤 것이며 태고의 예술적 감성 같은 것이라고 하는 게 더 어울릴 것 같다는 생각을 했다.

초도리에는 이화여자대학교 하계휴양소(이대 별장으로 불리기도 함)가 있는데, 아직 학생들이 도착하지 않아 텅 비어 있었다. 적막에 휩싸인 숙소는 괴괴하게 느껴지기도 했고, 무료한 시간의 꼬리를 이어가며 외로움을 달래고 있는 듯 애처로워 보이기도 했다.

화진포 해변에서

:

초도리 해변 남쪽 어촌, 화진포는 가슴에 호수를 품고 있는 지형이다. 거기에 경계 초소 같기도 하고, 휴양 시설 같기도 한 군부대 막사가 송림에 가려져 있었는데, 그곳으로 군용 차량과 병사들이 가끔 드나들 뿐 눈에 띌만한 움직임은 없었다.

그 앞 돌기된 산등성 허리에 한 채의 건물이 외로이 버티어 있는데, 지금은 전시관으로 개조되어 관람객을 받고 있으나 6·25 전쟁 이전에는 김일성 별장이었다고 한다. 그 마주 보이는 곳에 이승만 대통령의 별장이 자리하고 있었다. 나는 민족 분단을 가시화한 상징물 같은 이 두 건물을 보며 잠시 가슴이 먹먹해졌다.

우리 가족은 피난을 가지 못해 서울이 수복될 때까지 3개월 동안 인민군 치하에서 공포와 두려움의 나날을 보내야 했다. 그 당시 나는 8살의 어린 나이였지만, 집 근처와 동대문, 종로 거리에서 많은 시체와 전쟁의 참상을 직접 목격했다. 그럴 때마다 주검에 대한 무서움에 몸서리를 치곤 했었다.

그런데 이런 평화로운 해변에 민족의 아픈 역사가 잔흔처럼 남겨져 있다니….

영랑호에서 배를 저으며

:

날씨는 또 변하여 비가 내린다. 비가 그칠 것 같지 않아 우리는 빗줄기에 몸과 마음을 얹혀가며 한길 가에서 속초로 가는 버스를 기다렸다. 차를 기다리는 우리의 모습은 비에 젖어 초췌하게 보였겠으나 기분은 새로운 곳으로의 동경에 벅찼다.

오후엔 속초에 내려와 시내 구경을 한 후 근처 보광사普光寺 경내를 둘러보고, 영랑호에서 뱃놀이하며 여유로운 짬 시간을 즐겼다. 소나기가 걷힌 하늘은 맑고 바다는 더욱 푸르렀다. 호수의 잔물결에 저녁 햇살이 출렁이고 있었다.

저녁 8시 막차로 속초를 떠나 설악산에 내리니 밤공기가 차가웠다. 한일여관에 여장을 풀고 늦은 저녁 식사를 마친 후 정조흥, 김용화, 이종헌, 김은동에게 엽서를 보내려고 몇 자씩 쓰다 깜빡 잠이 들었는데, 밖이 소란하여 깨어났다. 옆방에서는 밤이 깊었는데도 기타 반주로 떠들썩하다.

태백산맥 지류에 솟아있는 설악산

눈의 산, 설악

:

설악산은 강원도 양양군과 인제군 사이에 이어져 있는 태백산맥 한 자락에 솟아있는데, 높이가 1,708m나 된다니 우리나라에서는 꽤 높은 산에 속한다. 늦봄까지도 산의 정수리 그늘진 곳에 눈이 덮여있을 정도로 냉한 이 지대. 봄이 겨울의 꼬리 마지막 몇 가닥을 움켜쥐고 저물어가곤 했던 저 산의 자연 현상을 지금, 여름의 한가운데서 그려보는 것만으로도 나는 얼마나 행복한가.

외설악은 견고한 화강암으로 이루어져 있어 거칠게 보이지만, 우리 민족의 기상이 말없이 이어져가고 있는 듯 늠름하고 믿음직스럽

□　계곡물에 손 씻고 있는 필자

다. 풍화작용과 침식작용으로 인해 기이한 형상을 이루고 있는 암석들, 구름을 뚫고 치솟은 봉우리들은 풀 한 포기, 나무 한 그루 뿌리를 내릴 수 없는 바위산이지만, 그러기에 여기에서만 느낄 수 있는 매력이 내게는 형언할 수 없는 그 무언가로 스며들고 있다.

울창한 삼림과 깊은 계곡에는 샛길마저 없어, 한번 발을 잘못 들여놓으면 길을 잃게 되기 때문에 산길에 밝은 이들과 동행하는 게 안전하다고 한다.

이곳은 진부령과 미시령이 바닷바람을 막고 있어 여름이면 몰려가는 안개구름과 물을 듬뿍 머금은 구름이 산정에 잠시 머물며 비를 뿌려주곤 산마루를 넘어간다. 그리곤 언제 비가 내렸냐는 듯 햇살이 눈부시게 내리쏟기를 하루에도 몇 번씩, 하지만 자연과 어울리며 반복되는 이 율동감이 자연 속에서 자신을 찾아가는 것 같은 그리움의 몸부림이 아닐까. 아니, 이어져가고 있는 저 산맥의 줄기와 산봉우리들, 하늘과 구름이 숲의 숨결에 동화되어 가고 있는 이곳에서는 비와 햇살마저도 하나가 아니랴.

외설악 고찰 신흥사

:

아침부터 찌뿌듯한 날씨 때문에 기분이 가라앉았다. 오늘의 여정이 두 군데인데 흐린 날씨로 인해 피로감이 앞서는 듯하다. 우선 잠바를 걸치고, 김 목사님은 우산까지 소지하고 첫 목적지로 향했다.

숙소에서 약 400m 정도 산속으로 들어가면 왼쪽 조금 떨어진 곳에 신흥사神興寺가 바로 나타나니, 이곳이 1,300여 년 전 자장율사 때 지어진 고찰이다.

신흥사의 창건과 연력에 관한 자료에 따르면 서로 다른 두 가지 설이 있다. 하나는 신라 27대 선덕여왕 원년에 자장율사가 탑평塔坪에 사원을 세우고 향성사香城寺라 칭하였으나 그 후 사원만보寺院萬寶가 불타고 정보 원년에 영서靈瑞, 연옥連玉, 혜원惠元 선사가 재건하여 신흥사라 개칭하였다는 설과 다른 하나는 신라 28대 진덕여왕 6년(서기 652년)에 자장율사가 향성사를 창건하였으나 화재로 소실되어 인조 22년(서기 1652년) 영서 선사가 재건하여 신흥사라 개칭하였다는 설이다[설악산 탐승 기념 팸플릿 "설악의 전모"(1965)와 경내에 세워져 있는 신흥사 연력에 관한 설명문 참조].

사찰 경내 동서남북 사면으로 전각 5동이 자리 잡고 있다. 그중에 전면으로 향한 것은 보제루인데, 여러 개의 나무 기둥 위에 얹혀 있는 구조로 되어 있다. 극락보전은 뒤편에 자리 잡고 있는데 처마 밑의 무늬가 섬세하고 창연하다. 단청은 많이 퇴색되었지만, 빛과 색이 조화를 이루고 있어 안정감을 주고 있다. 하지만 어딘지 모를 쓸쓸함이 배어 나온다.

울산바위와 흔들바위

:

신흥사 옆 계곡을 끼고 올라가다 샛길 잡목 사이를 벗어났다. 가파른 암벽에 몸을 붙이고 기어가듯(내 경우) 한참을 더 올라가서 주위를 둘러보니 어느새 산속으로 2km 정도 깊숙이 들어와 있었다. 구름은 암석층과 기암 산봉을 덮었다 벗겼다 하며 변덕을 부린다.

바위 골짜기로 흘러내리는 계곡물에 손과 얼굴을 적시며 잠시 더위를 식히고, 두 시간 남짓 산행을 강행하다 보니 어느덧 목적지에 도달하게 되었다. 집채 같은 바위들이 여기저기 흐트러져 있다. 넓적한 바위들과 암벽 그리고 계곡 사이로 흘러가는 물맛은 꿀맛이라 컬컬한 목을 축이고, 반석 위에 올라앉아 땀을 식히며 사방을 둘러보니 산이 산으로 끝없이 이어져 있다.

서편으로는 1만 2천 봉이라 불리는 날카로운 기암 산봉 무리가 구름을 뚫고 치솟아 있다. 저 오묘한 자태가 만들어가고 있는 장관을 동경의 눈빛으로 바라보다 불러보기도 했건만 돌아오는 건 메아리뿐, 감탄의 탄성이 그치질 않는구나. 동해안의 푸른 바다를 끼고 솟은 관동팔경, 이 웅장한 계곡과 기암절벽, 봉우리들을 어느 문호인들 그 절반만이라고 담아낼 수 있으며, 어느 화가인들 이 자연미를 그대로 화폭에 옮겨 놓을 수 있으랴. 아아, 설악의 비경이 이렇듯 기묘하다니!

그뿐이랴. 반석 위에 얹혀 있는 듯 커다란 흔들바위, 한 사람이 미는 힘으로도 흔들린다는 구형의 바위 뒤엔 또 다른 암석(울산바위)이 산 위에 돌출하여 있다.

석굴법당 계조암

:

흔들바위 옆에는 석굴법당으로 들어가는 입구가 있는데, 석굴 속을 돌아 안쪽으로 들어가면 아미타불이 모셔져 있다. 습기가 배어 나오는 천정에서는 물방울이 맺혀 똑똑 떨어진다. 안내하는 어린 승의 설명으로는 60년 전에 보수 공사를 한 적이 있다는데, 하지만 아직도….

냉한 습기가 더위에 땀범벅이 된 몸을 잠시나마 식혀주었다.

이것이 계조암. 어느 관광객은 경주 석굴암보다 더 멋있다고 찬사를 아끼지 않으니 과연 이런 암자가 또 어디 있으랴.

하산길에 산골짝 계곡으로 흘러가고 있는 개울에서 멱을 감는데, 구름이 산을 엎었다 벗겼다 하더니 소나기를 쏟아붓는다. 젖은 몸에 옷을 껴입었는데 물에 빠진 생쥐 꼴이 따로 없구나. 잠바 등에는 물줄기가 줄줄 흐른다. 오래되지 않아 비가 그치고 흰 구름이 하늘로 치솟으니 암석 봉우리들이 다시 구름 위로 솟아오른다.

와선대와 비선대

:

계조암에서 남쪽으로 발길을 옮겨 숲속으로 들어가다 보니 와선대와 비선대로 가는 길을 가리키는 이정표가 눈에 들어온다.

화살표가 가리키는 방향으로 깊숙이 들어가다 비선교를 건너며 보니 산봉우리들이 조는 듯 구름에 아물거린다. 가끔 솜 같은 흰 구름이 산 중턱을 감쌌다 흩어지곤 하는데 신윤복이나 김홍도의 산수화를 보는 듯하다.

□ 비선교

거슬러 올라가던 개울 앞으로 조그마한 물줄기가 밑의 펑퍼짐한 바위에 떨어져 흘러간다. 이곳이 와선대다. 선녀들이 내려와 목욕하던 곳이라고 어느 아낙네가 들려주던 전설이 문뜩 떠오른다. 와선대를 왼편으로 끼고 몇백 미터를 더 오르니, 아! 장관이 바로 여기로구나. 비선대, 수량도 많고 물줄기도 억세게 쏟아져 맑은 물이 깊은 호수를 이루고 있었다.

□ 와선대

□ 비선대로 가는 길

　뒤편 산을 바라보니 깎아 세운 듯이 이어져 있는 암회색 기암 거석 군이 비에 젖어 번쩍이고, 동편을 보니 방초노송芳草老松과 숲이 무성하다. 또다시 보니 하늘에 닿을 듯 미륵봉이 드높다.

　해가 기울어 가는 것도 잊은 채 천연의 비경에 넋을 놓고 있다 보니 어느새 어둠이 나리기 시작하고 인적도 끊겨 우리만 남게 되었다.

　점심을 거른 몸에 피로감이 몰려온다. 하산길에 설악산 명물이라는 머루즙을 사 들고 산골짝을 빠져나오는데 먹구름 사이로는 별이 반짝인다.

설악산 등반길에서 일어난 일

징검다리 건너다 물에 빠져

:

아침에 은사님 몇 분께 그림엽서를 쓰고 있는데, 서울에서 온 대
학생 한 명이 찾아와서 자기들은 오늘 낙산사와 경포대에 들러 강
릉까지 가려고 '9인승 합승 택시'를 전세 냈다며, 같이 가지 않겠냐
고 묻는다. 이곳에서 오후 2시에 출발한다고 하여 동행하기로 약속
했다. 차비는 1인당 200원인데 150원에 해준다며 선심을 쓴다.

예정 밖의 여정이라, 우리는 여기까지 왔으니 비룡폭포만이라도
구경하고 늦어도 오후 1시까지는 돌아올 예정으로, 서둘러 숲길을
헤쳐가며 올라가다 계곡으로 흘러가는 개울가에 이르게 되었다. 딛

고 건너갈 만한 펑퍼진 반석들은 물에 잠겨 있었다.

물에 잠겨 물살에 어른거리는 반석들, 저들의 춤사위 같은 모습, 포효하는 물소리와 쉼 없이 일고 있는 물거품, 하늘과 구름, 울창한 숲과 산봉우리들이 흘러가고 있는 세월을 노래하고 있는 듯한 이 광경, 이런 게 자연이 창조해내는 예술이 아닐까.

예술은 현실 속에서는 몽환적이고 고혹적인 향수 같은 것. 하지만 예술에 취하였던 환상을 털고 보면 현실은 너무 삭막하다.

이 넓은 개울을 어떻게 건너갈 것인가. 나는 징검돌이 될만한 곳을 골라 신경을 곤두세우고 아주 조심스레 한 발씩 옮겨갔다. 개울을 거의 다 건너와서 마지막으로 밟은 바위에서 미끄러져 몸 가눌 새도 없이 그대로 물에 빠졌다. 순식간에 일어난 일이었다.

그 순간 나는 '목발을 놓치면 이곳에서 오도 가도 못하여 모든 일정이 낭패로 끝나는데…'라는 생각과 '급류에 떠내려가게 되면 마지막이 된다'는 찰나의 두려움에 휩싸였는데, 목사님이 재빨리 몸을 붙잡아 일으켜 다리를 건너왔다. 목사님의 손길이 한순간만 늦었어도 장마로 불어난 거친 물살에 휩쓸렸을 상황이었다. 몸이 균형을 잃고 미끄러지는 바람에 팔꿈치와 손목 몇 군데가 쓸려 아렸지만, 천만다행으로 무사하여 안도의 한숨을 내쉬었다.

비를 맞으며 산으로

:

옥수수밭과 나무숲 사이를 지나 산속으로 들어가는 동안 변덕스러운 날씨는 간간이 빗방울을 흩뿌리며 계속 심술을 부렸다. 그곳을 지나 조금 더 들어가니 기념품과 머루즙을 파는 가게가 눈에 들어온다. 반 평정도 됨직한 아주 작은 가게지만 산 타기를 좋아하는 사람들에게는 오아시스 같은 곳이다. 그 앞 길가에 만들어 놓은 통나무 의자에 앉아 잠시 숨을 돌리고 있는데, 점잖게 보이는 남자 두 분이 친절히 길을 가르쳐줘서 샛길로 들지 않은 게 다행이었다.

지체할 시간이 없어 산행을 계속하는데, 갑자기 구름이 산을 덮더니 또 비가 쏟아지기 시작한다. 바위 밑에 몸을 피했으나 비는 곧 그칠 것 같지 않았다. 아침에 학생들과 약속했던 시간에 맞추기 위하여 우리는 비가 그칠 때를 기다리지 않고 곧바로 산으로 올라갔다.

바위벽 오르다 미끄러져 돌출된 바위에 걸려

:

수십 길 저 밑에는 바위들과 반석들이 이어져 있고, 그 사이로 계곡물이 천지를 뒤흔들며 사납게 굽이쳐 흘러가고 있다. 계곡을 끼고 바위벽에 붙어 디딤이 될 만한 곳을 찾아 한 발씩 옮기며 견고하게 박힌 풀줄기를 잡았는데, 비와 땀이 온몸에 흐른다.

아아, 어느 지점에 왔을 때 잡았던 풀줄기가 뿌리째 뽑히면서 몸이 균형을 잃고 쓰러졌다. 기적인지 행운인지 미끄러져 내려가던 몸이 돌출된 바위에 걸려 구사일생으로 살아났다. 정신이 몽롱해지며 손과 발이 후들후들 떨렸다. 저 아래를 내려다보니 소름이 끼쳤다. 동행한 목사님의 얼굴도 사색이 드리워 있었다. 내 다리가 성하지 못하여 두 번씩이나 이런 위험을 겪게 되었으니….

비룡폭포로 가는 길
:

우리 몸차림을 보더니 비룡폭포 가기 힘들다고 일러주는 할아버지가 있었다. 더욱이 토왕성폭포까지는 비룡폭포에서 산골로 2km 정도 더 올라가야 하므로 자일 없이는 힘들단다. 나는 여기까지 왔으니 출렁다리만이라도 건너보자는 심산에 목사님을 설득하여 다리 통행료 20원씩 내고 건너가기 시작했다. 로프에 매달려 늘어져 있는 다리가 발걸음을 옮길 때마다 좌우로 몹시 출렁거렸다. 그 밑으로는 육담폭포에서 쏟아져 내린 물이 급류를 이루며 세차게 흘러간다. 다리를 건너고 나니 비룡폭포로 가고 싶은 마음이 동한다.

우리는 비를 맞으며 산행을 계속했다. 계곡을 따라 올라갈수록

산은 점점 더 준험하였다. 왼쪽으로는 수십 길 낭떠러지 그리고 밑에는 넓게 깔린 반석들과 물이 고여 넘치는 깊은 웅덩이들, 몸을 육칠십도 경사진 바위에 붙어 한발씩 옮기며 조금씩 올라가는데, 미끄러졌던 공포감에 눈앞이 아찔하다. 이끼 낀 벼랑길을 바위와 듬

□   육담폭포와 출렁다리

설악산 등반길에서 일어난 일

□ 비룡폭포 가는 길, 계곡 물가에서

성듬성 돋아있는 잡풀 줄기를 붙잡으며 조심스레 기어가야 했고, 비로 미끄러운 흙길을 따라 벼랑 위로 기어 올라가야 했으니 내게는 생과 사를 내맡긴 모험이었다.

　암반 벼랑을 넘어 물소리가 땅을 구르는 듯 괴성을 내는 계곡 어느 지점에 이르렀는데, 눈앞에 거대한 물줄기를 쏟아내는 폭포가 펼쳐진다. 아아, 비룡폭포, 높이가 20m는 족히 넘어 보인다. 과연 용이 날아오르듯 날쌔게 솟아올라 힘차게 떨어진다. 뒤쪽으로는 비에 젖은 기암 봉우리들이 덮었다 벗겼다 하는 안개 사이로 아스라이 보인다. 장관이구나! 땅을 구르며 하늘을 흔든다.

□ 등반 중 암석 절벽에서

설악산 등반길에서 일어난 일

경포대 농가에서

낙산사-의상대-홍련암

:

아침에 신흥사와 속초 구간을 오가는 버스로 속초에 도착하여 낙산사로 내려가는 버스를 기다리고 있었다. 그 와중에 설악산에서 같은 여관에 머물렀던 화가 한 분과 이야기를 나누게 되었는데, 그분은 낙산사 해안과 홍련암을 그리러 가는 중이라고 하며 현대 미술 사조와 재료를 열심히 설명한다. 가을에는 동해안과 관동팔경을 그린 작품으로 전시회를 열려고 한다며 본인의 화법畵法은 사물을 강하게 구사하는 데 있다고 한다.

낙산사 입구에 들어서니 장방형 돌 26개를 곡선으로 쌓아 올린 홍예문이 먼저 눈에 들어온다. 몇 년 전에 보수했다는 글귀가 눈에 띈다. 문 안으로 좀 더 깊이 들어가니 저 멀리에서 넘실대는 바다가 한눈에 들어온다. 바다는 하늘과 한 빛이 되어 수평선에서 맞닿아 있었다. 점점이 떠 있는 흙 점인 양 배 몇 척이 아물거리니 이런 곳이 또 어디 있으랴. 과연 외설악 암석 봉우리들이 바람에 밀려 동해에 떨어 진양 낙산洛山이로구나.

　모퉁이 길 왼쪽으로 돌아가니 낙산사란 청색 현판이 대문 처마 밑에 가로 걸려 있다. 신라 문무왕 16년(676년)에 의상대사義湘大師가

□　낙산사 들어가는 문

□ 원통보전과 7층 석탑

관음보살의 진용을 뵈옵고자 정근 수행 7일 만에 진신을 뵈었는데, 관음보살께서 수정 염주를 주며 이 산정에 전각을 지으라 하여 원통보전圓通寶殿을 지었고, 보타낙가산普陀洛迦山의 이름을 따서 낙산사洛山寺라 명하였다는 설명문이 흰색 안내판에 기록되어 있다.

경내에서 첫눈에 들어오는 것은 아름다운 무늬와 여러 가지 색깔로 단청된 원통보전이다. 층계 앞에는 귀퉁이 몇 개가 깨어진 7층 석탑이 너른 마당에 외로이 서 있다. 종각 안에는 범어가 새겨진 범종이 낮게 매달려 있는데, 종두에는 용 두 마리가 남북을 향해 입을 벌리고 있다.

바다를 굽어보며 밑으로 내려가는데, 푸른 물결에 뿌리를 박은 듯 높이 솟은 바위 앞머리에 팔각의 정자, 의상대가 자리하고 있다. 정자에서 바닷바람을 쐬며 잠시 쉬고, 홍련암으로 발걸음을 옮겼다.

홍련암은 양쪽 바위 위에 걸쳐있는 것 같기도 하고, 얹혀 있는 것 같기도 한 독특한 양식으로 건축된 암자다. 법당 마루 밑에는 바위 굴이 있는데 바닷물이 얼마나 깊이 들어가는지 아무도 알 수 없단다.

홍련암 앞바다에서 조산 해수욕장으로 뱃놀이

:

점심 후 긴장이 풀리며 그동안 쌓였던 여행의 피로감이 한꺼번에 밀려오기 시작한다. 파도가 바위를 부숴버릴 기세로 때렸다 사그라지곤 하는 끊임없는 파동에 미혹되었기 때문인가.

홍련암 앞바다에서 놀잇배로 조산造山 해수욕장까지 갔다 오는 동안 주변의 많은 것을 눈여겨보게 되었다. 해안가에서는 백사 송림이 바다와 어울리며 자연의 순수함을 담아내고 있었고, 하늘을 품고 있는 듯한 수평선에서는 뭉게구름이 솟아오르듯 피어오르며 여름 바다의 향취를 전해주고 있었다. 연푸른 바다 밑에서는 햇빛을 받은 바위며 해초들이 선명한 자태를 드러내며 신비감을 돋운

□   낙산사에서 조산 해수욕장으로 가는 지도

□   홍련암 바닷가와 조산 해수욕장 간을 오가는 놀잇배에서

경포대 농가에서

다. 웃옷을 벗은 몸으로 2시간가량 뱃놀이를 하고 돌아오니 몸이 햇볕에 익은 듯 붉게 탔다.

낙산사에서 출발하는 막차로 저녁 9시에 경포대에 도착했다. 차를 바꿔 타고 해수욕장까지 가는 동안 옆 좌석에 앉은 젊은이와 대화를 나누게 되었는데, 연세대 2학년에 재학 중인 학생이었다. 그는 대선배를 만나 반갑다며 동행 중인 친구 두 명도 소개해 주어 우리는 잠시 학교 이야기로 화제를 옮겨갔다. 이번 방학에 친구들과 여행 중인데 경포대 해수욕장에서 캠핑하고 있는 친구들이 기다리고 있어 그곳으로 간다며 개학 후에 기숙사로 찾아오겠다는 작별 인사를 하고 숲속으로 들어갔다.

농가에서 하룻밤, 무수한 별과 애연한 풀벌레 울음소리

:

하룻밤 묵을 여관을 찾아 사방을 헤매고 다녔는데 여관은 물론이고 여인숙조차 눈에 띄지 않는다. 난감하여 서성이고 있는데 마침 우리 옆으로 지나가는 젊은이가 있어 붙잡고 이 근처 어디에 여관이나 여인숙이 있느냐고 물으니 이곳엔 그런 곳이 없단다. 잠시 우리를 쳐다보더니 자기 집 이웃에 있는 농가에 가서 자기가 사정해보면 불편한 대로 하룻밤 보낼 수 있을지도 모르겠다며 같이 가자고 한다.

늦은 밤, 시골길을 한참 걸어가다 밭머리 샛길로 접어들어 좀 더 가서야 그 집 마당에 들어설 수 있었다. 젊은 부인이 나와 놀란 낯빛으로 우리를 바라본다. 젊은이의 말을 한참 듣더니 그제사 안도하는 모습이다. 돌아가려는 그에게 학생이냐고 물으니 관동대학에 다니는 학생이란다.

하룻밤 신세를 져야 할 판이기에 여장을 풀고 농가를 둘러보고 있는데 아주머니가 라면을 끓여 가지고 온다.

하늘을 덮고 있는 무수한 별, 별똥별이 간간이 꼬리에 불을 붙이고 어디론가 사라지는 이 밤! 풀숲 어디에선가 풀벌레 울음소리가 애연哀然이 들려온다.

월정사

월정사로 가는 산길 굽이굽이

:

나는 어디를 가거나 여행할 때는 그곳에 주어진 낯선 환경의 새로움을 즐긴다. 어젯밤, 노숙해야 할 뻔했던, 실제로 길가에서 밤을 보낼 수밖에 없었던 그런 절박한 상황에서도 이런 경우도 겪어 봄으로써 인생을 좀 더 진지하게 느낄 수 있으리라 생각했다.

깊은 밤 시골길을 걸어가며 여름의 밤 향기와 자연의 품에 안긴 서정을 느껴보는 여행객의 가슴에는 어떤 느낌이 몸에 저며올까. 나는 여행 중 몇 사람이나 내가 겪은 이런 여로의 우연을 접할 수 있으려나 자위하며 행복한 밤을 보냈다.

오전에는 경포호와 경포대 해수욕장에서 뜨거운 열기에 몸과 마음을 섞으며 내가 받은 인상을 몇 장 스케치했다.

□ ❶ 경포대 누각에서 ❷ 경포대 누각에서 스케치 ❸ 필자와 차장 아가씨

□ 경포 바다 풍경 스케치

□　경포대-강릉-월정사로 가는 지도

오늘 여정의 종점은 오대산 월정사다.

대관령으로 가는 차가 산허리를 굽이돌아 올라갈 적마다 차창 밖으로 펼쳐지는 푸른 초장 같은 밭과 초가 몇 채씩 간간이 스쳐 지나가곤 하는데, 파노라마처럼 펼쳐지는 이 풍경, 내겐 낙원인 듯 평화로워 보인다.

차가 한참을 달려 꽤 높은 곳에 이르렀는데, 맥주 회사 농장으로 들어가는 길을 표시한 안내판이며, 스키를 타고 내려오는 스키어의 모습이 그려져 있는 커다란 광고판이 눈에 들어온다. 이곳은 험준한 산악 지대이면서도 능선이 완만히 흘러내려 밭과 이어져 있고, 능선과 능선 사이도 평탄하게 이어져 있어 외국 잡지나 포스트 카드에서 보곤 했던 설원의 스키장을 연상케 한다.

차는 진부령에서 다리도 없는 개울을 몇 번 가르며 건너더니 숲이 무성한 계곡으로 접어들었다. 산에서 벌목한 아름드리 목재들이 트럭에 실려 있었다. 그 옆에는 목피木皮가 벗겨진 나무들이 쌓여 있었다. 개울 앞까지 다다르니 그 이상 차가 올라가지 못한다고 목재를 실은 트럭 운전사가 알려준다. 이번 장마로 길이 막혔다는 것이다. 차에서 내리니 기념품 가게가 하나 있고, 그 뒤로 너와집 몇 채가 있다. 앞으로 흘러가는 개울에는 장마로 불어난 물이 넘실거리며 힘차게 흘러가고 있다. 사방은 적적할 만큼 고요하다. 개울물 소리와 새소리만 생명의 숨소리를 들려준다.

차도가 끊긴 산길을 2km 정도 걸어 올라가야 한다. 숨이 막힌다. 월정사 가는 길을 동네 어린아이에게 묻고 강행군했다.

깊은 산속이라 해가 빨리 떨어져 낙조에 금강연 바위 위에 위태롭게 솟아있는 아름드리 고목 사진 몇 장을 찍고 계곡 아래 개울가를 거슬러 올라가니 해는 벌써 지고 발아래로 어둠이 다가선다. 이곳이 지난달 대학생 여러 명이 장마로 불어난 급류에 휩쓸려 목숨을 잃은 계곡이다. 수목도 눈물지었을 곳.

석존 진신사리 봉안한 8각 9층 석탑

:

월정사 경내에 들어서니 왼쪽에 두텁게 켜놓은 목재가 키를 넘게 쌓여 있고, 앞으로 가서 계단을 몇 개 올라가니 정면에 신라 선덕 여왕 12년(643)에 자장율사가 불사리 37매를 봉안하고 사리탑을 건립하였다고 하는 설명문과 15m의 화강암 8각 9층 석탑이 우리를 맞는다. 반석 기단 위에 세워진 이 탑의 특징은 탑신을 철제 찰주擦柱로 관통해서 철편으로 고착한 점이다. 국보 제48호라고 한다.

흰 목책이 둘러쳐진 탑 주위에는 공양하는 자세를 취하고 있는 1.7m 크기의 석조보살좌상이 두 손을 모아 무릎에 걸치고, 탑을 향해 마주 앉아 있다. 연대는 신라 선덕여왕 12년이라고 하니 1,300여 년 전의 조각으로는 너무나 솜씨가 빼어나다. 보물 139호라고 한다.

법당 자리에는 주춧돌 몇 개만 남아있을 뿐 채소가 심겨 있었다. 본래 월정사 정중庭中에는 석존釋尊의 진신사리를 봉안한 8각 9층 석탑과 함께 커다란 법당이 있었으나 한국전쟁 때 사찰 대부분이 전

□ ❶ 월정사 선재길 ❷ 월정사 들어가는 어귀에서 ❸ 월정사 8각 9층 석탑

소되어 지금 마당에 쌓아놓은 목재와 개울가 목재소에서 켜고 있는 자재로 정면 50자, 측면 48자 크기의 법당을 새로 지으려 한다는 안내 표지판이 사찰의 내력을 설명하고 있다. 폐허가 된 사찰 주변에는 잡초가 무성하고, 모퉁이 곳곳에는 불에 그슬린 기와며 돌들이 쌓여 있다.

깊은 산사에서 독경과 목탁 소리, 별이 흐르는 밤

:

목재소 인부들의 방에서 하룻밤을 보내려 하니 주지 스님의 허락을 받아 오란다. 다행히 스님들이 머무는 요사채寮舍寨에 빈방이 하나 있어 하룻밤을 묵게 되었다. 긴장했던 탓인지 피로감이 밀려들었다. 석탑 밑에 앉아 밤하늘을 쳐다보니 하늘엔 별 무리가 무수히 반짝이고, 은하수 하얀 물결이 내를 이뤄 흘러내린다.

심산계곡의 개울 물소리와 어둠에 잠겨든 숲과 무수한 별만 반짝이는 여름밤, 승방에서 흘러나오는 초롱 불빛이 창호지를 벌겋게 비춰 주고 있다.

깊은 산사에서 밤의 적막을 가르는 목탁 소리와 독경 소리가 고해중생에게 외경스러운 신비감을 안겨주며 심신 깊이 스며든다.

우리는 밤이 깊어가는데도 별에 관한 민담과 전설, 이야깃거리를 이어가며 몇 시간을 밖에서 보냈다. 별이라는 것은 참으로 신비로운 것이라며…. 마침 한 줄기 유성이 머리 위로 흐른다.

1965.8.2.
맑음

부석에서 밤을 보내며

영주에서 부석으로

:

영주에서 하룻밤을 보내고 아침 8시 40분에 부석으로 가는 버스를 타려고 서둘러 시외버스 정류장에 갔으나 차는 벌써 떠나고, 10시 30분 행이 다음에 있다고 한다.

8월 1일부터 배차 시간이 바뀌었다는데 초행 여행객이 그걸 어찌 알았겠는가. 다음 차가 출발하려면 두 시간 정도 기다려야 하기에 다시 한번 영주 시장과 기념품 가게에 진열해 놓은 토산품들을 구경하고 돌아오니 많은 사람이 승차장 앞에서 북적거리며 시끌벅적하다. 이곳에서 제천, 풍기, 봉화, 원주, 부석 등 사방으로 차가 뛰기 때

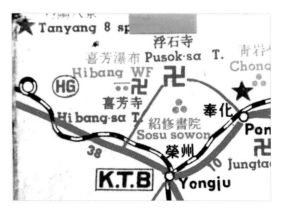

문에 행선지로 가는 차에 오르려는 사람들과 표를 사려 매표소 앞에
모여있는 사람들, 행상들로 정류장 안팎이 어수선하다. 매표 창구에
학생증을 제시하니 30% 할인된 학생 요금 차표를 끊어 준다.

　10시 30분에 출발하는 부석행 버스에 자리를 잡았다. 날이 몹시
더워 사람들이 지쳐 있었다. 차가 시골길로 접어들어 40분가량 달
리고 있는데, 이런저런 대화를 나누던 옆 사람이 바른편 차창 밖을
가리키며 저기 송림이 무성한 곳으로 조금 들어가면 소수서원紹修書
院이 있다고 알려준다. 그 말을 듣고 차창을 통해 점점 멀어져 가는
숲이 우거진 그곳을 쳐다보니 고등학교 국사 시간에 배웠던 서원의
역사가 아지랑이처럼 아물아물 피어오른다.

　소수서원은 명종 5년(1550), 이곳에 군수로 부임한 이황의 상언上

믈으로 왕이 칙액勅額을 하사하고 전과 노비도 내주어 시작하였으므로 사액서원賜額書院의 시초를 이룬 곳이다. 고종 8년(1871)에 당쟁의 해결책으로 서원 철폐 결정을 내렸을 때는 47개 서원 중의 하나로 남겨지게 되었단다(사적 기록 설명문).

부석여관 남포등 아래서

:

부석 마을에서 영주로 나가는 막차가 3시 30분에 있다고 하여 부석사를 구경하고 영주로 나갈 예정으로 차에서 내려 그곳까지의 거리를 알아보니 앉아서 듣던 것과는 너무 다르다. 봄이나 가을에는 수학여행 온 학생들 때문에 차가 절 근처까지 올라갔지만, 요사이는 절에 가는 사람이 적어 마을까지만 운행한단다.

여기에서 절에 가려면 산길로 4km 이상을 걸어 올라가야 한다. 3시 30분까지는 이곳 버스 정류장에 와 있어야 하는데 부석사 들머리에 도착하니 3시경이었다.

나는 여행 일정에 맞추려고 오랜 시간 동안 심신을 혹사했는데 더위에 지친 몸과 마음이 한순간에 피로감을 몰고 밀려오는 것을 느꼈다. 묵언의 저항!

여행이란 날씨나 지형, 주어진 조건에 따라 만들어져 가는 과정일 텐데, 의지로 과정을 지배하려 해서야….

아무리 주사위를 던져 봐도 절을 구경하려면 내일이나 되어야 하고, 그러려면 이 근처에서 하룻밤을 묵어야 할 판이다. 뒤틀어진 일정이 역정스러울 법도 한데, 오히려 긴장이 풀리며 몸과 마음이 홀가분해진다.

우선 계곡물에 몸부터 씻고, 땀에 젖은 속옷과 남방셔츠를 빨아 바위 위에 널어놨는데 남쪽 하늘에서 먹구름이 파란 하늘을 덮으며 북쪽으로 밀려가고, 멀리서는 천둥소리가 들려온다. 소낙비라도 올 기세다.

젖은 옷을 부리나케 껴입고 밑으로 내려올 때까지 천둥소리는 은은히 들려왔다. 숙소를 정하고 짐을 푸니 마음이 한결 가뜬하다. 흐르는 물에 담가 놓은 음료수를 몇 모금 마시며 잔디밭에서 이야기하고 있는데 빗방울이 뚝뚝 떨어진다. 하늘은 점점 컴컴해지고, 별빛은 구름에 가려 전혀 볼 수 없다. 월정사에서 밤하늘을 수놓았던 그 많던 별은 어디로 갔나.

부석여관 대청마루에 걸어 놓은 희미한 남포등 아래서 저녁을 먹는데 한편에서는 관광객 대여섯 명이 술에 취해 밤이 깊도록 왁자지껄 이야기하며 밤을 새운다. 내일은 부석사를 봐야 한다.

□　　8월 2일 여행기(1-2쪽)

부석에서 밤을 보내며

태백산 부석사

도승의 극락세계, 뜬돌절

:

'태백산 부석사'라는 일주문을 지나서 부석사 입구에 들어서며 처음 만나는 것은 높이 5m나 되는 당간지주幢竿支柱와 그 사이에 놓여 있는 당간 초석이다. 초석에는 연꽃무늬가 희미하게 새겨져 있고, 석주 옆에는 보물이라고 하는 팻말이 꽂혀 있다. 국보 제394호였던 것이 몇 년 전에 보물(제255호)로 격하되었다고 설명해 주는 이가 있어 두 개

□ 범종각 내력을 필자가 간추려 적고 있다. 뒤에 건물이 범종각

의 착오를 해결할 수 있었다.

돌계단을 올라가니 '봉황산 부석사'라고 쓴 현판이 처마 밑 중앙에 가로걸려 있고, 2층에는 마루가 깔려 있으며, 사방은 기둥뿐 간막은 벽이 없다. 무량수전無量壽殿으로 가려면 그 밑 1층을 통과해야 하는데, 이곳이 본전으로 가기 위한 통과의례의 관문인 셈이다.

부석사와 그 경내 곳곳에는 다수의 건축물과 요사채 등이 수풀 사이에 흐트러져 있다. 신라 전성기에는 부석사에 3천여 승려가 기거했다고 하니, 이곳이 도승道僧의 극락세계極樂世界라도 되었던 듯싶다.

인적이 끊긴 경내에는 적막감이 무겁게 흘러가고 있었다. 바람에 쓸리며 쏟아내는 자연의 소리, 황량하리만큼 쓸쓸한 고찰의 침묵에 한 줄기 생명이 흐르는 듯하다.

안쪽으로 들어가서 가파른 층계를 20여 개 올라서니 부석사의 법당 무량수전이 눈에 들어온다. 오늘이 칠월칠석이라 기도드리러 온 여신도 몇 명이 눈에 띈다.

본전 앞에는 국보라는 석등 설명문과 함께 팔면 석등이 아름다운 조화를 이루고 우뚝 서 있다. 방형의 지복석地覆石 위에 놓인 지대석, 그 네 면에는 안상眼象이 새겨져 있다. 그 위에 얹힌 하대석에는 연꽃이 그리고 화사석火舍石 주위 4면에는 보살입상이 1구씩 조각되

□ 무량수전 앞 석등(좌)/부모님께 올린 우편엽서(우)

어 있다. 이 석등은 신라 중엽에 만들어진 석등들 가운데 대표적인 작품이란다.

이곳 설명문에 따르면 무량수전은 국보 제18호로서 부석사의 본전에 해당한다. 높은 석주 단상에 남면을 향해 건립되어 있지만, 내부 불단은 서쪽에 편재동향偏在東向하여 있는 것이 우리나라 사찰들 가운데 보기 드문 건축 양식이라고 한다. 정면 5문, 측면 3문의 단층으로 건물 내의 바닥에는 방형의 단을 깔고 있었다.

1916년 수리 공사 당시 발견된 묵서명墨書銘에 의하면 고려말 우왕 2년(1376)에 재건되었다고 하는 기록이 있으나, 건축 양식으로 보아 150년은 더 소급된다고 하니 우리나라에서 두 번째로 오래된 목조 건물이라 하겠다. 기술상으로 볼 때 보기 드물고 아름다운 건축물이다.

그 안에는 고려 시대에 속하는, 한국에서 가장 오래된 소조塑造 석가여래상釋迦如來像이 안치되어 있다. 양식으로 보아 신라의 조각 수법과 같다고 하여 연대 측정에 많은 논란이 있다고 한다. 그 배후에 있는 광배光背도 보기 드문 고려 시대의 목조 광배로서 훌륭하다.

우편으로 접어들어 산언덕에 올라서니 조그마한 암자가 층계 몇단 위에 자리 잡고 있다. 조사당祖師堂이라고 하여 우리나라에서 가장 오래된 벽화 중 하나인 조사당 벽화가 있던 곳이다. 예술적 가치와 색채 및 도구가 우수했던 것을 벽 수리 때 무량수전으로 옮겨 놓아 지금은 불상과 의상대사의 화상만 놓여 있어 쓸쓸해 보였다.

그 왼쪽에 나무 한 그루가 철책 속에 보호되고 있는데, 이유인즉이 나무를 품고 있으면 남아를 낳을 수 있다는 속설이 있어 부녀자들에 의해 나뭇가지가 수난을 당하기 때문이란다. 일설에 의하면이 나무는 의상대사가 꽂은 지팡이였다는데, 거기서 꽃이 피고 나무가 되었다는 신화 같은 이야기가 구전되어오면서 불교 신자들이효험이 있는 나무로 신성시했다고 한다.

그곳을 내려와서 서쪽 산길로 접어드는데, 벌써 해는 이글거리고, 파란 하늘에는 구름 한 점 없다. 찌는 듯 무더운 날씨다.

1965.8.5.
맑음

울진 성류굴

동굴 속, 천연의 비경

:

울진에서 동해를 끼고 남쪽으로 20여 분 달려가면 성류굴聖留窟 입구라는 커다란 간판이 강둑길 다리 몫에 세워져 있다. 버스에서 내려 간판에 그려져 있는 화살표 방향으로 2km 정도 걸어가며 몇 번 숨을 고르고 마지막 산허리를 돌아서니 산과 하늘을 품은 호수가 바람결에 넘실거린다. 배 몇 척이 모래 위에 얹혀 있을 뿐 주위는 인적이 끊겨 고요하다.

성류굴 어귀 옆에 세워 놓은 관광 안내판에는 이 동굴이 1963년 5월 7일에 천연기념물 제155호로 지정되었다는 내용과 굴에 관한

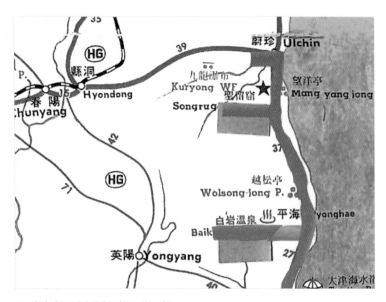

□   울진 성류굴에서 백암온천으로 가는 지도

정보, 굴 내부 지형도가 그려져 있었다. 그 옆 바위는 이름을 새긴 낙서로 더럽혀 있었는데, 이렇게라도 이름을 남기고 싶었던 마음이 글자에서 배어 나온다.

안내인에게 몇 시에 들어가냐고 물으니 10인 이상이 모여야 들어간단다. 빨리 보고 돌아가야 다음 목적지로 가는 차를 탈 수 있어 마음이 조급하다. 아침 8시에 무슨 관광객이 오겠냐며 들어가자고 사정했건만, 들은 척도 안 한다. 여정에 짜 맞추어 놓은 시간은 자꾸 흐르기만 한다.

20분 정도 입구에서 기다리고 있는데 청년 두 명이 나타났다. 구세주라도 만난 듯 4명으로 들어가자고 말을 건네는데도 안내인은 대꾸조차 하지 않는다.

좀 더 오랜 시간이 지난 후에 또 한 무리의 남녀가 몰려왔다. 칠팔 명은 되어 보인다. 그러나 저들은 아침 식사를 하고 들어가겠다며 건너편 바위 위에 둘러앉아 가지고 온 음식을 펼쳐놓는다. 보아하니 급한 게 없는 사람들인 것 같다. 음식을 나누며 유유자적하는 저들의 모습을 보니 '같은 기다림인데 나에게는 언제나 시간이 긴장의 지속이었던 게 아니었나'라는 생각이 든다.

시간을 내게 맞춰가며 생활하곤 했던 나로서는 오늘처럼 시간의 위력에 소외감을 느껴본 적이 없었다.

주어진 상황에 순응할 수밖에 없게 되자 조급했던 마음이 차츰

□ 성류굴 내부 지형도

□ 성류굴에서 (뒷줄 왼쪽에 김신환 목사, 그 옆 뒤쪽에 필자)

진정되었다. 오늘 하루 일정에 차질이 생기긴 했지만, 나로서는 나를 되새겨 볼 시간에 접하게 되었으니 오히려 생각지도 못했던 귀한 것을 얻은 셈이다. 자위란 이런 것일까. 하지만 사실 지금 내가 기다리고 있는 시간은 체념의 지속이다.

안내인을 따라 철문 안으로 들어서자 서늘한 기운이 온몸을 엄습해 온다. 박쥐 몇 마리가 이쪽에서 저쪽 구석으로 후드득 날아가 버리고는 동굴 안은 고요하다.

바위짬에 놓인 나무 층계를 몇 계단 내려가니 석순이며 기묘한 형상의 바위들이 눈앞에 펼쳐진다.

옆길을 빠져나오니 바로 호수가 발 앞에 닿았다. 물속에 비친 전등 가로 물고기 한 마리가 얌전히 떠다닌다.

지하 금강으로 이름난 이 굴은 길이가 472m나 되는데, 석회석과 철분, 유황 등이 혼합된 동굴로서 평안북도에 있는 동룡굴蝀龍窟과 암석 성분이 전혀 다르다고 한다. 순수한 석회석 동굴이 아니므로 철분이 내배어 누렇고 적갈색을 나타낸다.

내부 지형도 안내판에 기록된 설명문에 따르면 성류굴은 다섯 개 연못과 열두 광장5池12廣場으로 되어 있는 우리나라 유일의 종유굴이란다. 석순과 석종, 석주 등의 황홀한 자태를 내 어찌 말로 옮길 수 있으며, 그 장관과 신비함을 어찌 글로 세세히 그려놓을 수 있으랴.

얼마 전에 9개의 옆 굴이 발견되었으나 전등 시설 설치가 안 되어 있어 지금은 들어갈 수 없다는 설명을 들으니 아쉬움과 묘한 호기심이 발동한다.

굴 앞으로 흐르는 왕피천王避川과 지하로 통하고 있는 호수에는 물고기가 살고 있다. 하지만 석주와 석순에서 떨어져 고인 물웅덩이에는 석회 성분과 철분, 유황 등이 섞여 있어 물고기가 살 수 없단다.

동굴 속으로 더 깊이 들어가니 바위 위에 올라앉아 재주를 부리는 듯한 원숭이, 석순마다 교묘한 음색을 내는 타악기, 그뿐이랴, 굴을 또 하나 들어가니 성모마리아의 성스럽고 자애로운 모습이 눈에 띈다. 이 밖에도 비키니를 걸친 우아한 자태의 미스 코리아 전신상을 비롯하여 수많은 조각이 만물 만상을 이루고 있다.

그리스의 궁전 앞에 서니 천정에서 흘러내린 석순으로 만들어진 조각상들이 천연의 찬란한 예술 작품 같았다.

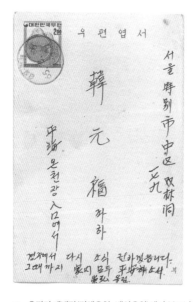

□ 온정리 태백장(평해온천=백암온천)에서 부모님께 올린 우편엽서

태백장에서 하룻밤, 긴 여운

:

아침에 일어나니 아직도 배가 아프다. 저녁 무렵부터 배 속이 심상치 않았다. 밤이 지나면 괜찮아지리라 생각했는데 파도치듯 밀려왔다 사그라지곤 하는 배앓이는 가라앉을 기미를 보이지 않는다. 뜬눈으로 밤을 새운 몸이라 기력도 없고 현기증도 났지만, 여정을 지체할 수 없어 온천욕을 한 후 출발 준비를 서둘렀다.

이 아침, 나의 솔직한 심정은 여행 일정을 하루 늦추더라도 느긋

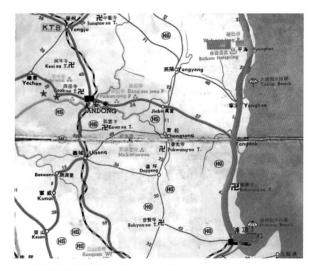

□   태백장(백암온천)에서 포항으로 가는 지도

한 마음으로 나무숲에 이는 바람과 그 속에서 들려오는 속삭임에
취해보고 싶었다. 하지만 동행인이 있는 여행의 경우에는 서로의
시간에 맞춰가야 하므로 훗날 그때를 되돌아보면 놓아 버린 기회에
대한 미련과 아쉬움, 후회 같은 게 파편화된 여행의 잔재물로 마음
한구석에 남겨지게 마련이다.

나 홀로의 여행은 정한 틀의 한계에 구속되지 않기에, 방랑기의
길손처럼, 보헤미안처럼 시간에서 자유로운 주인공이기에 때로는
여정의 짜임새보다 흐트러지는 시간과 장소의 초월성을 체험하는
수확이 더 의미 있을 때도 있다. 어쨌든 지금은 떠나야 할 시간이다.

온정리溫井理 태백장(백암온천)을 떠나 1시간가량 달려 평해 시외버
스 정류장에 도착했다. 오후 2시 포항행 버스에 몸을 실었다.

파란 하늘과 바다와 들판이 눈앞으로 다가왔다 멀어져 가곤 하
며 쉼 없이 차창을 스쳐 간다. 바다 위에 우뚝우뚝 솟아있는 바위를
때리곤 깨지는 파도는 그들의 숱한 전설을 전해주러 해안으로 밀
려들곤 깨지고 부서지기를 수없이 반복한다. 조금만 관심을 가지고
자연 그 속으로 들어가 보면 자연의 이 운동이 기계적이지 않으니
그 나름대로 창조적 예술이라 하겠다.

석양 녘이 되어 포항에 도착했다. 경주행 기차며 버스 편을 알아
보니 이미 막차가 떠나버려 오늘 밤은 포항에서 하루를 보내게 되
었다.

1965.8.7.

맑음

경주에서

경주에 머물러 있는 그리움은 만남으로 이어지고

:

아침 6시 37분 포항에서 동해남부선을 타고 경주에 와 내리니 7시 45분이었다. 1961년과 1964년 그리고 이번까지 3번째 들렀는데 그때마다 신라의 고도는 새삼스럽게 다가온다.

사면 팔방이 산으로 둘러싸인, 넓게 펼쳐진 평야 지대의 경주. 여기저기에 고적이며 고분들이 눈에 띄지만, 폐허된 유적지와 허물어진 절터며 궁궐터의 주춧돌들만 곳곳에 보이니 '전성시대의 신라 고도는 얼마나 찬란했으랴'라는 생각에 감회가 깊다.

동해로 흘러가는 형산강 유역 경주에선 가뭄을 모른다니 이곳이

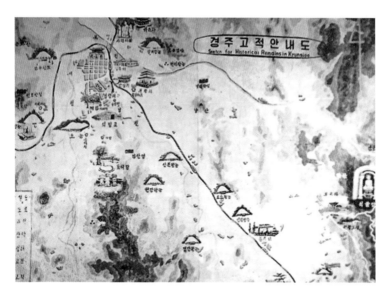

□ 경주 고적 안내도(1965년)

얼마나 축복된 땅이랴.

이곳 경주역에 근무하는 박선자 양은 작년 여름(1964), 방학 때마다 뜨내기처럼 어디론가 떠나야 하는 내가 제주도로 가는 여행의 첫 목적지 경주에서 우연히 알게 되어 이틀간 함께 시간을 보냈던 여인인데, 전화를 받더니 깜짝 놀란다. 어떻게 왔느냐며 반기는데 그 웃음이며 애교스러운 목소리가 피로감을 한순간에 날려 보낸다.

김 목사님을 소개하고, 찻방으로 자리를 옮겨 그간 있었던 이런 저런 이야기를 나누며 시간을 보내는데 그저 반갑기만 하다. 서로

할 말이 많았다. 그녀는 올해(1965) 5월에 약혼했으며, 가을에 결혼한다고 한다. 재잘재잘 한참 이야기를 이어가다 조심스레 이 말을 꺼낸 이유가 무얼까. 그 순간 우리 사이엔 미묘한 침묵이 무겁게 흘렀다.

근무 중에 나왔기에 미안해하는데 자청해서 고적지 몇 군데를 안내해 주었다. 재회하여 반가웠는데 이렇게 시간까지 내어 안내해 주니 고마운 마음이 물씬 난다.

화랑로를 20여 분 정도 걸어가니 좌우편에 안압지와 기와 정자

□ 안압지에서 선자 양과 필자, 김신환 목사

가 멀리 보인다. 옛날 전성시대에 찬란했을 이곳이 지금은 이끼 낀 흙물이 고여 있어 그지없이 황량하다. 그러나 옛 모습은 그대로 지녀 회포의 정을 느끼게 하니 서러워라, 그 마지막의 운명이 지금 이렇듯 쓸쓸하리라고 상상이나 했으랴.

안압지, 정자 위에 푸른 이끼 낀 기왓장들 하나하나도 산 역사를 지닌 듯하여 건성으로 보며 지나갈 수 없었다.

못가 바위 위에서는 망중한의 강태공 두 명이 낚싯대를 길게 드리워 놓고 시간을 즐기기라도 하듯 한가롭다. 정자 위에서는 노인 몇 명이 바람을 쐬며 쉬고 있고, 낮잠을 자는 이들도 있다.

석빙고 출입문이 잠겨 있어, 그 너머로 들여다보는데, 아치형의 둥근 천정에선 물방울이 가끔 떨어지고, 찬 기운이 확확 내민다. 이곳은 본래 겨울에 얼음을 저장해 뒀다가 여름에 임금님께 진상하던 얼음 저장소였다. 석빙고 옆 넓은 평지에 박물관을 옮겨 놓으려 한다고 설명한다.

석빙고에서 김알지金閼智가 나온 곳인 계림으로 발길을 옮겼다. 그는 경주 김씨 중 계림파의 조상이라며 선자 양이 설화 한 토막을 전해준다(초등학교 때 김알지, 박혁거세, 제주 삼성혈의 세 성씨 등에 관한 탄생 신화를 읽은 적이 있음). 가만히 듣고 있던 김 목사님이 자신의 본관이라며 자랑한다.

계림에서 첨성대로 내려갔다. 첨성대 상부에는 동남쪽으로 조그마한 창이 하나 있고, 그 위에는 네 개의 석재가 얹혀 있다. 천문을 관측하던 곳인데 몸체는 원통형으로, 밑 부분에서 위로 올라가며 차츰 줄어져 상부를 이루고 있다. 이런 것이 신라 시대에 있었다고 하니 그 당시 학술이 어느 정도 발달했는지 짐작할 수 있을 것 같다. 지금은 차츰 한쪽으로 기운다고 한다.

여기에서 선자 양과 헤어졌다. 멀어져 가는 뒷모습을 보며 첫 만남의 순간이 아련하게 떠오른다. 작년 이맘때 길을 묻다 대화를 이어가게 되었는데, 그러더니 느닷없이 자기 집에서 밤을 보내는 게

□ 안압지에서 선자 양

어떻겠냐며 제안하여 부모님을 찾아뵙고 인사를 드리고 저녁 대접
도 잘 받았다. 인간과 인간의 만남이 우연스럽게 맺어져 좋은 인연
으로 이어지기도 하는 게 너무 신기했다.

선!

여름의 해그림잔 길다지만

우리에겐 너무 짧구나

야속하게도 마지막 기차에는

헤어져야 하는 시간만 실려와

숙연한 맘으로 태연하려 했건만

일렁이는 이 연정을 잠재울 순 없었지

경주, 우리에겐 인연의 땅이었다

수양버들 늘어진 역전 분숫가에서

너와 눈 맞춰가며 했던 언약

우리의 만남은 불변하는 영원이라고

서로의 가슴에 섞으며 했던 우리만의 약속

차창 밖 달빛에서 나는 네게 머물러 있다

안녕!

1964. 7. 21.

경주를 떠나며

선!
바다 냄새와 파도 소리,
별이 쏟아지는 밤에 취하여
밤 깊도록 모래를 밟으면서도
내 눈에 담긴 너의 얼굴
너에게 여름밤 별 편지를 띄운다
아직도 네 곁에 있는 것 같은
이 마음, 그게 무언지 말해다오

파도에 밀려오며 울부짖는 바다
검은 모래알, 내 맘에 쏟아내는 몸부림
시간은 밤에 잠겨 흐르지 않고
은하수에 맞춰진 모래시계는
내일을 잊고 파도에 스며가고 있다
꿈길에선 우리의 시간이 돌려지리라
한아름 별을 따서 네게 보낸다
안녕!

1964. 7. 26.
제주, 별밤 바닷가에서

선!
젊음이 작열하는 이 해변에서
해를 품은 바다는 열기를 식힐 듯
흰 거품 일으키며 밀려왔다 사그라지누나
모래 위에 남겨진 발자국마저도 삼키며
거기서 새로운 생명이 잉태하고
거기서 새로운 세계가 펼쳐질 텐데

저녁놀 등에 지고 여길 떠난다
'이별의 부산정거장'이 애조롭게 흐느낀다
그러나 내 마음은 네 곁, 경주에 머물러 있다
너는 듣고 있느냐
기적(汽笛)에 실려 보내는 내 마음을
우리에겐 내일이 여물고 있다
안녕!

1964. 8. 1.
해운대 해변에서

박선자 양과 관련한 첨가 자료. 1964년 여름 박선자 양에게 띄운 여행 엽서 3편(한숭
홍, 『천사의 음성』 4집(2021), 73, 74, 75쪽에 수록).

한승홍 씨 귀하

초면에 실례하겠습니다.

여러 번 기숙사로 면회 가니 부재중이라서

이렇게 지면을 빌려 전하겠습니다.

다름 아니오라 경주역에 근무하고 계시는 박선자 양의 부탁입니다.

박 양께서 요번 10월 20일 인천에서 결혼식을 올리는 모양입니다.

연락이 잘 안 된다면서 부탁한 것입니다.

허락되시면 서울역에 철도 전화로나…

서신을 기다리고 있을 것입니다.

주소는 경주역 통신분소 내 박선자.

박 양의 근무 일자는 24, 26, 28, 30日인 것 같습니다.

그러니까 짝숫날 근무겠죠.

무척 기다리는 모양이오니 연락하시길 바라오며. 그럼.

초면에 실례했습니다.

1965. 9. 22.
박선자 부탁받고

내가 이 편지를 받은 건 겨울방학 즈음이었다. 편지 내용으로 보아 선자 양이 결혼 청
첩장도 분명히 보냈을 텐데 내겐 전달되지 않았다. 당시 기숙사에선 사생들이 돌아가
며 우편물을 분류해 전해주었는데, 가끔 여자에게서 온 꽃 편지는 분실되곤 했다.

형산강과 토함산 그리고 내게 남겨진 하룻밤의 추억

:

선자 양을 보내고 우리는 불국사와 토함산 석굴암을 보러 가려고 차를 기다렸다. 전에 이곳에 왔을 때는 불국사 밑에까지만 차가 올라가 약 1.5km 정도 되는 가파른 산길을 걸어 올라가야 했는데 지금은 도로가 개통되어 있었고, 넓은 공터에 주차장도 마련되어 있어 노선버스, 합승, 승용차들이 어려움 없이 주차할 수 있게 되었다.

우리는 우선 불국사 앞 주차장에서 합승으로 갈아타고 석굴암부터 가기로 했다. 경주 시내와 불국사 간에는 노선버스나 합승이 밤 늦게까지 운행하지만, 불국사-석굴암만을 왕래하는 합승은 손님이 적으면 운행하지 않기 때문이다. 석굴암행 합승이 방금 떠날 기세였는데, 오늘은 손님이 적어 인원이 더 모이기를 기다리고 있었다.

□   경주 관광 스탬프(1965년 8월 7일)

이곳에서 석굴암까지는 본래 등산길로 되어 있어 몇 시간을 걸어서 올라가야 했지만, 지금은 토함산 등성이를 굽이굽이 돌아 올라가는 산길이 새로 닦여 있었다.

차창으로 아래를 내려다보니 초가집들이며 신작로며 밭이랑들이 까마득히 보이고, 반짝이는 강줄기가 실개천처럼 보인다. 차는 아슬아슬하게 산길 몇십 굽이를 돌아가며 올라간다.

대학교 1학년 여름방학, 친구 세 명과 불국사에서 석굴암까지 올라가다 저녁이 되어 밥까지 지어 먹으며 경내 근처에 도착하니 밤 11시가 넘어 있었다. 노숙하려 준비하고 있는데 빗방울이 떨어져 기념품 가게에 사정하여 바닥에서 하룻밤을 보냈던 추억이 생생히 떠오른다. 지금은 차로 올라가니 그때만큼 흥분과 멋, 자연에 함몰되어가는 듯한 감흥이 없는 게 처연하게 느껴진다.

석굴암 천정에서 스며 나오는 습기와 낙수로 석존 보존에 위험이 있어 보수 공사를 했는데, 이제는 자연미가 우러나던 본래의 은은한 정취가 없다. 이전에 왔을 땐 석굴암이 큰 능처럼 돔을 이루고 있었고, 동해를 바라보고 앉은 석가여래좌상이 자비로운 미소로 맞는 듯하여 외경스러움에 숙연해지기도 했는데, 지금은 그때와 같은 감성이 깃들어있지 않다.

안에서 밖으로 향한 연대蓮臺 위에 석존 불상이 동남동 방향으로 정좌하고 있다. 그 좌우 석벽에는 보살상과 나한상이 새겨 있고, 본존 뒷벽에는 십일면관음보살상이 그리고 그 좌우로는 각각 다섯 곳에 불좌를 만들고 지장보살과 유마거사維摩居士의 좌상이 뚜렷한 선과 잘 부조된 조각으로 되어 있어 선조들의 솜씨에 새삼 감탄케 한다. 어느 문필가는 "맥이 뛰고 피가 흐르고 체온이 스며오는 듯하여 만지면 따뜻한 촉감을 느낄 듯하다"며 찬사를 아끼지 않았다. 정묘한 예술미는 그 당시 신라 문화가 얼마나 찬란했고 아름다웠으며 빼어났는가 하는 것을 어림짐작으로 상상케 한다.

석굴암 구경을 마치고 층계를 내려와 표주박 가득 감로수를 퍼 마시고 나니 더위에 숨이 막힐 듯하던 가슴이 절로 시원해진다.

불국사, 침묵 속 속삭임이 들려오는 곳

:

기념품 가게 앞에서는 불국사로 내려가는 합승이 손님을 태우기 시작한다.

불국사 경내에 들어가 고색이 쓸쓸하게 보이는 청운교와 백운교에 올라 자하문으로 들어서니 대웅전을 중심으로 그 좌우에 다보탑과 석가탑이 서로 마주 보듯 세워져 있다. "여성미의 섬세함을 다보탑이 지녔다면, 석가탑은 남성미의 단순함과 수수한 맛을 지니고 있다"며 어느 문필가가 평한 글이 생각난다.

불국사는 신라 경덕왕 10년(751)에 창건된 고찰이지만, 당대의 웅혼한 잔영이 아직도 남아 있어 신라 천년의 고도였던 경주가 그 당시 얼마나 화려한 문화를 갖고 있었는가 하는 것을 느낄 수 있었다.

불국사를 출발하여 경주 시내로 차가 돌아오는 동안 좌우의 차창으로는 8월 폭서에 수목들이 그슬린 듯 검푸르다. 우리는 시내로 들어가는 어귀에서 내려 좌편으로 안압지를 멀리 바라보며 분황사로 가는 지름길을 찾아 논두렁길로 걸어갔다.

분황사 경내에 들어서려는 참에 한 무리의 관광객들이 몰려들어 우리도 안내하는 승려를 따라 저들과 함께 두루 구경하는데, 승려의 설명이 물 흐르듯 거침이 없다.

분황사 탑은 네모꼴의 넓은 기단 위에 세워진 신라 선덕여왕 3년(634)에 건립된 건축물로서 9층이었던 것이 병자호란 때 소실되어 지금은 3층의 탑만이 수축修築되어 남아 있었다.

이 탑은 안산암을 벽돌 모양으로 깎아 쌓아 올린 모전석模塼石 탑이다.

탑 앞에는 푸른 이끼 낀 우물이 있어 조그마한 하늘을 품고, 그 옆에 기울어져 있는 수양버들은 바람에 늘어진 줄기를 흔들거릴 뿐 떠들썩하던 관광객들도 모두 돌아가고 정적만이 감돌고 있다.

1965.8.11.

비

통도사-석남사-범어사

아버님께 우편엽서로 전하는 여행기

:

아버님, 그간도 가내 평안하오며 계획하시던 사업도 잘되어 가는 지요? 저는 울산 정유공장 방문과 방어진 해수욕장을 구경한 후 어제(10일) 새벽 5시 30분 차편으로 통도사通度寺에 갔었습니다. 오후에는 석남사石南寺 그리고 저녁에는 범어사梵魚寺를 구경하고 부산에 들어왔어요. 저녁 늦게부터 비가 쏟아지기 시작해서 밤새껏 내렸어요. 오늘(11일) 저녁 5시에 제주도로 떠나려고 하는데, 일기예보가 남해 지방에 폭풍주의보를 알리고 있어 망설이고 있습니다.

이곳은 부산 시청 건너편에 있는 반도호텔로 동행한 김 목사님

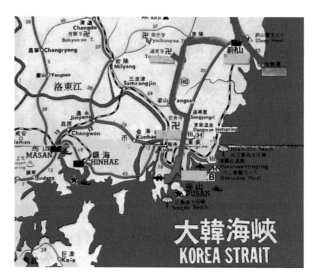

□ 　울산에서 방어진-통도사-석남사-범어사-부산으로 가는 지도

친척이 정해 주어 오늘 밤은 여기서 보내게 되었습니다. 오후에 비가 개는 대로 몇 군데 돌아볼 예정입니다. (하략)

진해-마산-충무

진해의 명물, 탑산에 오르며

:

숙소를 나서니 뒷길로 진해의 명물, 탑산에 오르는 층계가 보인다. 가는 도중에 이색적인 작은 건물이 하나 있어 들어가 보니 일본 사찰 양식의 절이었다. 벽은 온통 푸른색으로 칠해 있고, 처마 양식과 기와도 한국 절의 전통적인 건축 양식과 완연히 다르다.

젊은이에게 물어보니 묘법사妙法寺라며 일본이 점령하고 있던 당대에는 신사였는데, 지금은 문교부에 등록되지 않은 개인 절이라고 한다.

이곳을 나와 탑산 층계를 오르니 한 단씩 오를 적마다 바다며 도

□ 진해-마산-충무-한산도로 가는 지도

시가 점점 넓게 시야에 들어온다. 본래 이 산은 제황산이라고 불렸
는데, 자유당 전성기에 이 산 위에 이승만 대통령 동상이 큰 군함
위에 세워지면서 탑산이라 부르게 되었다고 설명해 주는 이가 있
다. 지금은 탑산이라 부르는 것이 통례가 되었단다.

　정상에 오르니 진해시가 전체, 좌우 사방으로 환히 트인다. 남쪽
군항에는 회색 군함 십여 척이 정박해 있고, 앞섬에는 수목이 무성
하다. 다시 눈을 시가지로 돌리니 도시 계획이 잘 되어 있었다. 로
터리에서 팔 방향으로 아스팔트 도로가 직선으로 길게 뻗어 있다.
벤치에 앉아 바람을 쐬며 쉬고 있는데, 출근 시간이 되어오며 사람

들이 부산하게 오가기 시작한다.

자유당 전성기에 세워졌던 이승만 대통령 동상은 온데간데없고, 다만 그 지대석인 듯 반듯한 반석들이 여러 각을 지고 공원 정상 중앙부에 그대로 남아 있다. 그 앞에 세워져 있는 관광 안내판의 설명문에는 이곳에 5층 탑을 세워 관광지로 하려고 한다는 계획안과 설계도가 그려져 있다. 이 청사진에 담긴 건축 목적을 읽어 내려가며 무상함 같은 게 서려 있는 듯한 느낌을 받았다.

마산, 자유를 위해 젊음을 던진 순국의 고장

:

하산하여 아침 식사를 하고 마산행 마이크로버스에 자리를 잡았다. 버스가 진해를 벗어나 창원군을 지나니 논과 밭이 펼쳐지고, 산길을 오르락내리락 19km를 달려 역사를 이룬 곳, 한국 현대사의 한 장을 연 현장에 닿았다.

우선 3·15부정선거를 외치다 쓰러져간 젊은이들의 애국충정을 기리려 4·19혁명 후에 세워진 기념탑을 찾으니, 그 비극을 묵묵히 내려보는 듯 하늘 높이 치솟아 있다.

삼각형 석주와 그곳에 이어진 동상대 그리고 석주 앞에 차려진 향대의 반석, 석주에 붙어있는 탑문塔文은 너무도 애절하다.

저마다 뜨거운 가슴으로 민족의 깃발을 올리던 그 날, 1960년 3월 15일! 더러는 독재의 총알에 꽃이슬이 되고 더러는 불구의 몸이 되었으나 우리들은 다하여 싸웠고 또한 싸워서 이겼다.

보라, 우리 모두가 손잡고 외치던 의거의 거리에 우뚝 솟은 마산의 얼을. 이 고장 삼월에 빗발친 자유와 민권의 존엄이 여기 영글었도다.

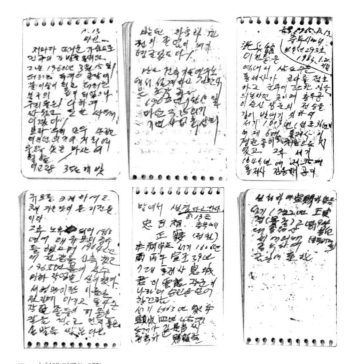

□   수첩에 기록(1-6쪽)

지금 이것은 마산의 신화인 양 한 가닥 상징성을 띠고 있으며, 모든 시민의 가슴에 깊게 각인되어 있다.

탑은 5계단 위에 세워져 있는데, 3·15를 상징하는 의미를 나타내고 있다고 어떤 이가 설명해 준다. 12m의 삼각 탑은 3월을 상징하고, 하늘 높이 치솟은 탑의 상징성은 1자를 의미한단다. 5계단은 5자를 표현하고 있다니 이 탑의 구조물 자체가 3·15의 얼을 상징화하고 있는 셈이다. 탑이 세워진 곳이 치열한 데모 현장이었는데, 아직도 곳곳의 담벼락에는 그때까지도 총알 자국이 그대로 남아 있어 치를 떨게 한다.

민족의 선혈이 솟구치던 성역

:

1. 세병관(洗兵館)

진주로 향하려던 계획을 바꿔 우선 충무부터 들러보기로 했다. 충무에 도착하여 제일 먼저 찾은 곳은 임진왜란 역사를 배울 때 귀에 익혔던 세병관洗兵館이다. 삼도수군통제사영三道水軍統制使營으로 사용하던 곳이다.

기둥들이 정면에 아홉 칸 측면에 다섯 칸을 지지하며 세워져 있는데, 벽을 막아 칸을 규격 짓지는 않았다. 설명문을 읽어보니 삼도

수군통제사가 군사를 점호하고 군무에 관한 일을 의논하던 곳이란 다. 선조 36년(1603)에 제6대 통제사統制使 이경준李慶濬이 이순신 장군의 전승을 길이 빛내기 위하여 세웠고, 1646년 제35대 통제사 김응해金應海가 규모를 크게 하여 고쳐 지은 것이 지금 이 건물이다.

그 후 너무 낡아 1963년에 대규모로 중수했으며, 1964년엔 담장을 신축했고, 1965년 봄엔 식수 미화 작업을 했다.

세병관이란 이름은 전장에서 이기고 돌아온 장졸將卒들의 피 묻은 칼을 씻고, 먼지 묻은 손발을 씻는다는 말에서 생겼다고 한다.

2. 충렬사(忠烈祠)

세병관을 나와 충렬사로 향했다. 충렬사에는 이충무공의 위훈을 기리는 정침正寢에 사우祠宇가 모셔져 있다. 선조 39년(1606) 7대 통제사 이운룡이 어명을 받아 창건하였다는 기록이 전해지고 있다.

사액 사당은 1663년(현종 4년)에 임금으로부터 현판을 받아 세웠다.

3. 용화사(龍華寺)

정수사淨水寺가 심한 폭우로 허물어져 성화 스님이 1263년 미륵산에 천택사天澤寺를 창건했으나 이마저도 1628년(인조 6년) 봄에 대화재로 폐허가 되었다. 이처럼 연이어 3재(風水火)의 변을 당하자

100여 년간 절터를 나대지로 놔뒀으나 1752년(영조 18년) 벽담碧潭 선사가 천택사의 잔여물을 이전하여 절을 새로 짓고 사찰명을 용화사龍華寺라 했다는 기록(유적 설명문)이 있다. 용화사에는 아미타삼존불상과 관음보살, 대세지보살을 모신 보광전, 지장보살과 시왕상

□ 수첩에 기록(7-12쪽)

등 여러 불상을 모신 명부전, 미래세에 이 세상에 출현하시어 억조창생을 제도하실 미륵불을 모신 용화전, 1910년 이전만 해도 70여 스님이 진리를 탐구하던 수련장 탐진당, 사물(종, 법고, 운판, 목어)을 설치해 놓은 해월루, 그 외에 관음암과 도솔암 등이 경내 곳곳에 흩어져 있다.

충무-한산도에서

충무공 이순신, 저 동상 앞에서 무슨 말을 하랴

:

충무 여객선 매표소에 들러 한산도행 배편 시간을 알아보고, 인근 식당에서 아침 식사를 하고 나오니 뜨거운 8월의 태양이 내리쬐고 있다.

오후 2시까지 서너 시간이나 여유가 있어 전날에 보지 못한 충무공 동상을 보려고 공원으로 가고 있는데, 한길 언덕 위에서부터 긴 행렬이 징과 꽹과리를 치며 아래로 내려온다. 재래식 장례 행렬이었다. 만장꾼 뒤를 따라 상여꾼들이 울긋불긋 단장한 상여를 메고 내려오면서 부르는 상엿소리가 인생무상과 허망함을 서글프게 읊

어낸다.

해변을 따라가다 공원 안 사잇길로 접어들어 가파른 길을 한 굽이 돌아가니 왼쪽으로 충혼탑이 세워져 있고, 다시 한 굽이 돌아가니 멀리 다도해의 섬들과 충무시가 한눈에 들어온다.

석조 층계 마지막 계단을 올라가 장군의 동상 앞에 서니 동해 쪽을 바라보며 옆에 찬 긴 칼을 억세게 잡고 묵묵히 서 있는 충무공

□ 부모님께 올린 우편엽서 두 장

이순신 장군의 장대한 모습이 용맹스레 다가온다. 투구와 갑옷이 용장을 싸고 있지만, 그 무엇이 장군의 장골을 조금이나마 빛내줄 수 있으랴.

민족의 이름 위에 태양같이 빛나는 성웅 이순신 어른은 仁宗 元年 乙巳 三月 八日에 탄생하시어 宣祖 三十一年 戊戌 十一月 十九日에 순국하시었다

벤치에 앉아 쉬고 있는데 바람이 이마에 맺힌 땀방울을 스치고 지나간다.

다도해, 선경(仙境)의 바다

:

두 시에 부두를 떠나니 여객선 부자 소리가 귀를 울린다. 물을 가르며 섬과 섬 사이를 벗어나는데 멀리 이름 모를 섬에는 구름이 머물러 있고, 어떤 섬에는 농가 두서너 채가 나직이 자리 잡고 있다.

섬 몇 군데에 배가 들릴 때마다 몇 명이 내리고 새로 타곤 하여 선내는 빈자리가 없었다. 청정해협의 신선한 바다 향기와 코끝을 간지럽히는 비릿한 바람이 나를 선경(仙境)의 바다로 인도하는 듯한 환상에 빠뜨린다.

아낙네들의 수다에 묻어 나오는 소박한 인정에서 덧칠하지 않은 인간의 본성을 느낄 수 있었다. 이런 게 삶의 상생이리라. 저들의 짐보따리에는 생활에 필요한 여러 가지 공산품과 식품이 가득 담겨 있었다.

바다를 품은 듯한 형태의 백사장에는 갓 잡아 온 멸치들이 해풍에 말려지고 있었고, 한쪽에서는 몇 사람이 낡은 그물을 꿰매고 있었다. 아이들이 갯벌에서 조개나 굴을 캐내는 모습도 평화로이 보인다. 이런 게 다도해의 천진한 풍경이리라는 생각을 하며 눈을 떼지 못했다.

멀리서 조그마한 고기잡이배 몇 척이 파도에 출렁이는데 갈매기 몇 마리가 그 위를 날다 섬 가로 사라진다.

한산섬 수루에 앉아

：

빛과 같이 빨리 달린다는 광진호가 한산도에 가까이 다가가는데, 이곳의 명물이라는 거북 등대가 하얗게 빛난다. 바다 위에 뜬 거북의 등에 원통형의 흰 등대가 세워 있어 이곳을 거북 등대라고 한단다. 임진왜란 때의 왜군과 아군의 치열한 해전이 있었던 이곳을 기념하려고 세운 것이리라. 선조들은 역사를 만들어 놓고 사라졌지만, 이곳을 지나가는 사람들은 그때의 역사를 되새기며 선조들의 얼과 넋을 기리리라.

배가 한산도 제승당으로 다가갈수록 바다는 맑고 푸르며 물빛 또한 청옥이다. 제승당 소나무 숲 위로는 백로가 한가로이 날고 있다.

배가 닿는 방축防築에서 몇 걸음 옮겨 놓으면 몇십 개의 층계 위에 대첩문大捷門이라는 현판이 붙은 큰 문이 있다. 대첩문을 들어서면 상부로 통하는 길과 우편으로 돌아가게 된 길이 갈라져 있어 각각 그 방향을 유적지 안내판에 표시해 놓았다. 상부에 올라서 우편으로 바다를 내려다보니 제승당이 있다.

본래 이곳은 이순신 장군이 군사를 의논하기도 하고, 긴긴 달밤에 시조를 읊으며 둥근달, 밝은 달빛 아래 반짝이는 바다를 쳐다보며 고향을 그리기도 하고, 혼란한 국사國事를 근심하며 우수에 잠겨 술잔을 기울기도 하던 곳으로 옛날에는 수루戍樓라고 하기도 했다는 기록이 있다.

국어 시간에 외웠던 이순신 장군께서 지은 시조(이곳에 옮겨 놓은 건 제승당 수루 현판에 적혀있는 원문임)가 떠오른다.

> 한산섬 달 밝은 밤에 수루에 혼자 앉아
>
> 긴 칼 옆에 차고 깊은 시름 하는 차에
>
> 어디서 일성호가는 남의 애를 끊나니

수루에 앉아 땀을 식히며 쉬고 있는데, 장기 두는 노인 두 분의 말 쓰는 소리가 뒤편 한구석에서 요란히 들려온다. 따로 말할 것도 없이 무더위를 잊어가며 즐기는 이런 한가로움이 신선놀음이 아니랴.

앞 소나무 위에서는 백로 몇 마리가 꽉꽉 울고 있다. 저 멀리 검푸른 바다에 흩뿌려 놓은 듯한 섬들, 유유히 흘러가는 흰 구름, 아련히 들려오는 파도 소리, 이들이 하나 되어 펼쳐가는 한여름, 다도해의 수채화 한 폭이 얼마나 아름다운가.

숨을 돌리고 뒤로 돌아가니 머리는 청룡이요 몸은 거북인데 좌우로 각각 11개씩 노가 꽂혀 있는 거북선 모형이 모셔져 있다. 이름하여 구선각龜船閣이라 한다. 거북선 노래가 깨끗이 적혀 있다.

거북으로 이름한 배 우리님이 만드시어 뜨면 거북 엎디면 범. 이 배야 이상토다. 입으로 뿜는 총알 우박같이 흩어지고 등에 박힌 칼날이야 별같이 빛나면서 고래같이 치는 물결 평지같이 아시도다. … 물건이야 예 같건만 신기하게 쓰실 뉘가 공의 뒤를 이으실꼬. 그 사람 곧 못 얻으면 헛물건이 돼오리라.

판부사 이병모의 글을 노산 이은상이 옮긴 것이다. 제승당에 충무 영당이 있고, 그곳에 이순신의 영정이 모셔져 있다. 마당 한쪽엔 충무공 후손들의 통제사統制使비 여러 개가 세워져 있다.

마당 밖에서는 4H 클럽 회원들에게 가르치는 노랫소리가 확성기를 타고 들려온다.

한산섬 농가에서 보낸 하룻밤

:

해는 서산으로 기울고, 낙조는 바다를 붉게 물들여가고, 하늘은 꽃구름을 불태우듯 점점 더 짙어 가기만 한다. 검정 도포에 검정 벼 감투를 걸친 영감님(제승당과 관계있는 분 같다는 생각이 듦)이 우리에게 다가와 숙소와 식사를 아래에 청하라고 알려준다.

다행이랄까. 이곳에 유일한 개인 집이 한 채 있어 농사로 생활하는 듯한데, 오늘 밤은 이곳에서 보내야 할 판이다. 저녁을 마치고 집 뒤편 언덕으로 올라가 바위에 앉아 바람을 쐬는데, 산에서 달이 막 떠오르며 사방을 훤하게 비춘다. 하늘에는 별 무리가 총총히 뿌려지고, 바다 멀리 등대에선 불빛이 빤짝거린다.

잠잘 준비를 하고 있는데 나이 지긋한 아주머니가 대청마루에 자리를 펴고 담요까지 내주어 제법 근사한 잠자리가 되었다.

잠바를 꺼입고 누웠는데 밤을 잊은 듯 멀리서 들려오는 4H 클럽 회원들의 노랫소리가 밤의 적막을 깨뜨리며 사방을 뒤흔든다.

밤이 깊었다. 주인집 방 창호지로 등잔 불빛이 불그스레 배어 나온다.

1965.8.15.
맑음

한산도–충무–진주

남강, 푸른 물은 말이 없다

:

8시 30분 한산도 제승당 밑 농가 가족들과 기념사진을 찍고 그곳을 떠났다. 우리는 남해 여러 도서 지방을 몇 군데 더 들러보느냐, 차편으로 진주로 바로 가느냐, 그렇지 않으면 선편으로 삼천포 三千浦에 들러 그곳에서 진주까지 차를 이용하느냐 하는 문제로 의논했다. 구태여 삼천포를 통하는 길을 택하려는 이유는 여러 섬을 지나면서라도 보자는 의도에서였다. 하지만 시간이 너무 촉박하여 진주로 직행하기로 했다.

4시에 우리가 탄 차가 진주에 들어서니 남강, 푸른 물이 우리를 반

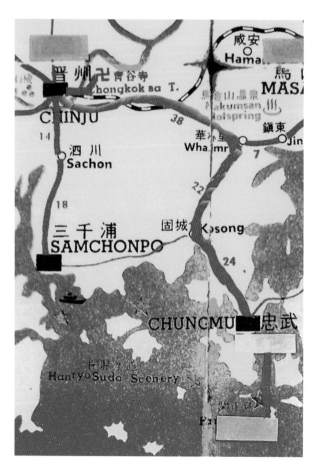

□   한산도-충무-진주로 가는 지도

시간에서 공간으로

기듯 유유히 흐르며 반짝인다. 강가에서는 여인들이 빨래하고 있고, 강 좌우 편에는 기암이며 집채 같은 암석들이 위용을 자랑하고 있다. 고깃배와 보드 몇 척이 강을 오르락내리락하고 있다. 넓은 백사장이 한편에 치우쳐져 있는데 하얀 모래알, 그 희기에 눈이 부신다.

촉석루 넓은 다락에 오르니 밑에는 의기 논개가 왜장을 껴안고 투신하였다는 의암義巖 바위가 있다. 강물은 비운의 역사를 되새기지 않으려는 듯 조용히 흘러가고 있다. 촉석루는 진주를 대표하는 명소 가운데 하나로서 민족사의 한 토막을 증언하고 있는 유적지다.

본래 이 누각은 옛날 진주성의 남장대南將臺 혹은 장원루壯元樓라고 도 하여 전시에 병사들을 지휘하던 곳이었고, 평시에는 향시鄕試를 치르던 고사장으로 사용했었다고 한다.

고려 공민왕 14년(1365)에 창건되었으리라고 하여 긴 역사를 갖고 있으나 지금의 건물은 6·25 전쟁 때 전소된 것을 1956년에 착공하여 1960년 11월에 중창했다고 한다(진주시 교육청 자료).

논개문, 정충단비 그리고 우편으로 논개 사당, 쌍충사적비 등을 두루 살피다 보니 해가 뉘엿이 서산마루를 넘어가고 있었다.

숙소에 짐을 맡기고 달밤에 뱃놀이할 겸 남강 다리 밑으로 내려가는데 강가에서 여성농악대의 농악 소리가 요란스럽게 울려 사방을 뒤흔든다. 호기심도 당겨 배 타기를 포기하고 입장권 두 장을 사서 들어가니 벌써 많은 사람이 붐빈다.

청곡사

호국·충절의 고장, 진주

:

아침 8시에 청곡사靑谷寺 입구 갈전리 가는 차를 놓쳐버려 12시 차를 이용할 수밖에 없게 되었다. 이 4시간 동안 어제 미처 보지 못한 명소 몇 군데를 더 볼 수 있게 되었다고 자위自慰하며 발길을 돌렸다.

몇 사람에게 물어 호국사護國寺를 찾아 올라가고 있었는데, 바다를 바라보며 우뚝 세워져 있는 V자형의 석탑이 발길을 잡는다. 가까이 다가가 설명문을 읽어보니 한국전쟁 전승을 기념하여 세운 탑이라고 쓰여 있다.

배수장을 지나 한 굽이 돌아 올라가면 제일 먼저 서장대가 눈에 들어온다. 숨 가쁘게 올라오다 이곳에 이르렀는데 강바람이 내 품 속으로 스며들어 더위를 식혀준다. 눈을 북쪽으로 돌리니 멀리 구름 속에 지리산 봉우리가 아련히 나타난다.

여기저기 사방을 둘러보고 있는데 영감님 한 분이 다가와 이곳에 관한 내력을 들려준다. 마산서 왔다는 아주머니 두어 명도 우리와 합류하여 설명을 듣고 영감님의 안내를 따라 창렬사彰烈祠로 갔다. 새로 단장한 사당에는 임진왜란 때 순국한 김시민 장군을 비롯하여 서예원, 최경회, 김천일, 황진 등등 순국열사 서른아홉 분의 신위가 모셔져 있는데, 매년 음력 3월 초정일에 제향祭享한다.

창렬사를 나와 호국사에 들리니 절의 내력에 관한 기록이 눈에 띈다. 고려 때 창건한 사찰로서 본래는 내성사內城寺라 하여 오다가 임진왜란 때 병사들이 머물며 나라를 수호했다고 하여 호국사란 이름을 내렸다는 것이다.

마침 대웅전 양 기둥에는 결혼식을 하려는 신랑, 신부의 이름이 붙어 있어 절에서 올리는 결혼 예식 절차를 구경하려 했으나 시간이 없어 문을 나서는데 신부가 면사포에 가려진 채 부축되어 들어온다.

바쁜 걸음을 재촉하며 산성을 타고 한참을 돌아가니 영남포정사 문루嶺南布政司門樓가 앞을 가린다. 노인네 몇 분이 환담으로 더위를 보내고 있다.

내려오는 길에 가게 앞 넓은 마루에 걸터앉아 더위에 수고하신 영감님께 막걸리를 받아 대접하니 옆에서는 마산 아주머니들이 시조를 읊으며 흥을 돋운다.

청천에 밝은 달은
청강수에 비치오나
달은 실로 온 데 없고
물은 실로 간 데 없네

강수가 청천 고로
밝은 달이 나타나고
물에 바람 불어오니
달그림자 없어졌네

월아산 청곡사 일주문을 넘어

:

12시에 갈전葛田으로 가는 버스에 몸을 실었다. 점심을 걸렀더니 허기와 피로감이 한꺼번에 밀려오고, 무더위로 몸도 처졌으나 달리는 차의 창문을 통해 물씬 풍겨오는 향토 냄새를 맡으니 고향으로 가는 것 같은 정취에 취해간다. 차가 1시간가량 달릴 즈음에 잠이 쏟아져 잠깐 눈을 붙였었는데 깨어보니 갈전을 1km 정도 지나게 되었다. 여기서부터 약 5km를 산속으로 걸어 올라가야 한다.

곳곳에 몇 채씩 농가가 있기도 하고, 사람들이 간간이 오가기도 한다. 마을 입구에 도달해 보니 청송이 늘어지고 넓은 초원이 펼쳐져 있다. 길가로 흐르는 개울에서는 동네 개구쟁이들이 물장난을 치며 놀고 있다. 나무 그늘 밑에서는 학생들이 앉아 쉬기도 하고, 더러는 공놀이를 하며 떠들썩하다. 저 구석에서는 황소 한 마리가 나무에 매인 채 풀을 씹으니 평화로운 자연이다. 잔디에 누워 휴식을 취하니 움직이고 싶지 않다.

느지막한 오후, 저녁녘 즈음에 청곡사 앞에 이르렀는데, 어디를 둘러보아도 적막강산이다. 노니는 새들과 계곡 아래로 흘러가는 물소리, 바람에 나뭇잎 스치는 소리만 자연의 침묵을 깨뜨리고 있다.

숲을 벗어나니 연못이 이끼 낀 물빛을 하고 뿌옇게 고여 있다. 나무가 무성한데 그림자가 물에 비쳐 흔들리고 있다. 그 옆을 끼고 쉬엄쉬엄 올라가다 연못을 벗어나니 수량이 적은 개울에는 돌만 쌓여 있고, 그곳에서 성속聖俗의 경계 다리를 건너니 '월아산청곡사月牙山靑谷寺'라는 현판이 일주문에 가로걸려 있다. 청학靑鶴이 날아올라 서기瑞氣가 충만하다는 절, 이곳이 청곡사다.

청곡사는 1,100여 년의 오랜 역사가 쌓여 있는 고찰로서 조계종에 속하는 사찰이라고 한다. 세월의 흔적인가. 지금은 단청이 모두 퇴색되고 벗겨져 기둥이며 석가래 받침 목들이 썩어가고 있었다. 대웅전 법당 앞에는 꽃나무가 몇 포기 있고, 돌층계를 올라서 법당 안에 들어가니 금빛 불상이 진열장에 들어있는 듯 유리로 된 큰 상자 속에 모셔져 있다.

이 절은 민가에서 멀리 떨어져 있어 속세를 벗어난 듯 경건함과 적막한 신비감이 온몸을 감싸며 음습해 오는 묘한 곳이다. 간간이 들려오는 풍경 소리는 세파에 적셔진 내게 나 자신을 돌아보라는 낭랑한 가르침으로 나를 깨우고 있다.

경내를 둘러보고 뒤편 마루 한구석에 걸터앉아 잠시 쉬고 있는데, 노승 한 분이 지나가고 나서 잠시 후에 목탁 치는 소리와 함께 염불 외는 소리가 적막을 깨며 산사에 퍼진다.

여행 중엔 우연도 행운이다

:

바람이 선들선들 불어오는 마루에서 일기를 쓰다 그만 잠깐 잠이 들었는데, 왁자지껄 떠드는 소리가 들려 깨어보니 관광객인 듯한 장년 대여섯 명이 올라온다. 늦저녁 이 깊은 산에 5km나 걸어오지는 않았을 테고. 저들은 차를 타고 온 듯하다고 김 목사님에게 이야기했더니, 그러면 차를 좀 태워주지 않겠느냐면서 그들 중의 한 사람에게 이야기하러 가겠다는 것이다. 사실 땡볕에 두어 시간을 걸어 올라온 우리는 완전히 지치고 힘이 빠져 할 수 없이 내일 아침에 내려가려 했으나 차가 있다면 그만큼 여정을 단축할 수 있어 체면을 차릴 때가 아니었다.

소형 짐차 뒤꽁무니에 앉아 덜컹덜컹 엉덩방아를 찧어가며 내려오는데도 기분은 대단히 좋았다. 이들은 근처의 농산물 작황 검사를 마치고 절 구경을 하러 올라왔다며 문산읍文山邑에 볼일이 있다고 했다. 그러나 우리를 위해 진주 버스 정류장까지 태워다 주겠다고 하여 달려갔으나 단선 도로에서 트럭 한 대가 고장이 나 한참을 기다려야 했다.

시간은 자꾸 흘러가고, 문산에서는 이들을 기다리는 사람들이 있어 운전사 아저씨는 지나가는 차를 세워 우리를 다른 운전사에게 소개해 주고는 문산 방향으로 되돌아갔다.

트럭으로 갈아타고 한 시간 가까이 달려 진주에 들어서니 남강 다리에는 가로등이 줄지어 있고, 촉석루에는 라이트를 비추어 찬란하게 보였다. 진주의 하늘 아래서 또 하루를 보내게 되었다.

진주-하동-곡성-광주-목포

오늘 여정의 종점, 목포에서

:

아침 6시 30분에 출발하는 광주행 버스를 타려고 아침밥도 거른
채 여관을 나와 곧바로 버스 정류장으로 달려갔다.

해무가 걷혀가며 어슴푸레하던 하늘엔 이울어진 달과 별 하나가
빛을 잃고 하얗게 걸려 있고, 시간이 흐름에 따라 동녘 하늘은 붉게
물들며 밝아오기 시작한다.

차가 남강 다리를 건너갈 때 좌우로 펼쳐지는 진주를 다시 보니
역사의 도시, 진주가 너무 아름답다. 아침 빛을 받은 촉석루가 정답
게 보이고, 서장대며 곳곳의 여러 다락이 눈에 들어오기도 하고, 기

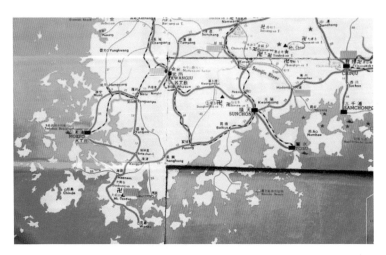

□   진주에서 광주-목포로 가는 지도

와만이라도 보이니 더욱 정이 새롭다.

차는 곳곳에 들리고는 두 시간 정도 달려 하동에서 잠깐 쉬고, 이 곳부터 68km 떨어져 있는 곡성까지 섬진강을 좌편으로 끼고 가다 우편으로 바꿔가며 북서쪽으로 올라간다. 강폭이 점점 넓어진다. 강 양옆으로는 평야며 야산이, 절벽과 하얀 모래밭이 넓게 펼쳐져 장관을 이루고 있다. 물도 맑고 푸르러 신비경을 이룬다.

광주에 오후 1시 30분에 닿으니 1시 5분에 목포로 출발하는 직행버스는 이미 떠나버려 4시까지 기다려야만 했다.

목포로 가는 급행 버스에 몸을 싣고 2시간 30분을 달려 목포에 도착했다. 목포 시내에서는 이곳의 명산, 유달산이 첫눈에 잡힌다. 기이한 암석으로 봉을 이루고 있는 명산, 노을의 붉은 빛을 받은 이 아름다움에 눈이 부신다.

'9인승 합승 택시'로 차를 바꿔 타고 부둣가로 달려갔는데 제주행 가야호는 이미 6시에 출발하여 하는 수 없이 목포에서 하룻밤을 보내야 했다.

부둣가 근처에 있는 숙소를 찾으니 골목골목에 홍등의 불빛이 흘러나오고, 짙게 화장한 20대의 젊은 색시들이 허벅지며 앞가슴을 거의 노출하거나 투명한 옷으로 가린 채 줄지어 앉아 있었다. 이런 게 항도의 문화인가라는 생각이 얼핏 스쳐 간다.

선창 골목은 술집이 메우고 있었다. 밤이 되니 여기저기서 노랫가락이 흘러나오고 원근에 정박해 있는 배에선 불빛이 반짝인다. 어둠 속 검은 바다와 하늘에서 반짝이는 별 무리 그리고 해풍에 묻혀 오는 습한 바다 내음 등등. 이런 게 부둣가의 독특한 정취를 물씬 느끼게 한다.

어렵사리 여관을 찾아내어 여장을 풀었는데, 긴장이 풀려서 그런지 지친 몸에 피로감이 밀려든다. 자리에 엎드려 일기를 쓰다 그대로 잠이 들었다. 한참 자다 밖이 시끄러워 깨어나니 술꾼들과 색시들의 고성방가가 밤의 적막을 깨뜨리며 이어진다. 멀리에서는 아녀자들이 싸우는 소리가 왁자지껄 들려온다. 불을 끄고 누워버렸다.

1965.8.18.

맑음

목포-흑산도

다도해 섬 사이를 벗어나 흑산도로

:

목포와 제주도를 오가는 여객선 두 척 중에, 가야호는 어제저녁에 떠났고, 오늘은 작은 배로 가야 하는데 롤링과 피칭이 심해 몹시 괴롭다며 주인아주머니가 자세히 알려준다.

아주머니의 이야기를 듣고 여정을 바꾸어 먼저 흑산도黑山島와 홍도紅島를 구경하고 제주도에 가기로 했다. 식당을 나와 여객선 매표소에 들려 흑산도행 출항시간을 물으니 9시란다. 부산호(500톤)로 8시간을 가야 한다고 하니 한나절을 배에서 보내야 할 판이다.

배에 오르니 많은 사람으로 선내가 몹시 붐빈다. 더러는 짐짝에 앉거나 갑판 위에 서서 가기도 하고 더러는 선실 바닥에 누워 눈을 붙이고 있다. 고동을 울리며 배가 목포항을 미끄러져 나오는데, 전마선이며 고깃배들이 크게 출렁인다.

배가 항구를 벗어나 흑산도로 가는 동안 좌우 사방을 둘러보니, 다도해의 크고 작은 섬들이 에워져 있어 호수를 지나가는 듯한 느낌이 간혹 들기도 한다.

배가 섬과 섬 사이를 지나가는 동안 도서지방에 대한 환상은 낭만적이고 문학적이던 데서 점점 현실적이고 실제적인 양태로 뒤바뀌어간다. 무인도가 아닌 섬마다 농가가 몇 채씩 눈에 띤다. 비교적 큰 섬에는 농가 여러 채가 옹기종기 모여 작은 마을을 이루고 있었다. 밭이랑도 눈에 띠니 섬이라는 지리적 특색 이외에는 산촌과 다를 게 없어 보인다.

오후 두 시가 지나면서 바다가 훤히 트였다. 배가 크게 움직여 멀미하는 사람들이 여기저기서 구토를 하며 고통스러워한다.

꼬리를 감추고 사라진 통일교 신도

:

선실에서 사람을 웃기며 요술을 부리던 약장수는 어디론가 가고 기관 소리와 물결치는 소리만 리듬을 타고 내 귓전을 울린다. 내 옆에 앉은 중년 남자가 뱃길이 지루한데 이야기나 하며 가자고 말을 붙인다.

이번 여행 중에 화가도 만났고, 발랄하고 순수한 대학생들, 사찰 명소를 해설해주던 스님, 느닷없이 밤에 찾아간 뜨내기 나그네에게 잠자리를 내주며 식사도 차려주던 농가의 아주머니, 무더운데도 진주성 곳곳을 안내해주며 역사해설까지 곁들여 들려주던 어르신 등등 곳곳에서의 우연한 만남이 나에게는 여행 중에 얻는 큰 수확이었다.

나는 이 남자분도 이곳 바다나 지역, 혹은 문예에 관한 이야기를 나누려는 것으로 생각했는데, 예상은 빗나갔다. 그는 월남한 실향민이며 평안도 신의주가 자기 고향이라고 신분을 밝히곤, 지금 수산 관련 일로 흑산도에 간단다.

그러더니 내게 대뜸 기독교인이냐고 물어 그렇다고 했더니, "그리스도는 이 세상에 죽으러 왔느냐 살려 왔느냐"라고 질문한다. 나는 이 사람이 기독교에 관심이 있는 것 같다는 생각에, 인류의 원죄, 타락한 상태의 회복을 위하여 이 세상에 왔다고 하니 죽으러 왔느냐 살려 왔느냐며 심문하듯 다그쳐 묻는다.

죽기까지 인류를 사랑했으니 결국 죽으러 왔다고 할 수도 있지 않겠느냐고 설명하니, 그렇다면 예수를 잡아 죽게 한 가롯 유다는 금메달을 주어 보상하여야 할 텐데 예수께서는 "그가 태어나지 아니하였더라면 제게 좋을 뻔하였느니라"라고 저주하지 않았느냐며, 현대 신학자 놈들이 이 문제 하나만이라도 제대로 해명할 수 있었다면 세계가 이렇게 되진 않았을 것이라며 말끝마다 욕지거리다.

나는 이런저런 대화를 나누며 가벼운 마음으로 가려고 했는데, 이 사람의 상스러운 말투와 혈기를 보며 이럴 분위기가 아닌데 라는 생각을 했다.

행위시대가 어떻고, 예수 시대가 어떻고 한참 장설長舌을 풀면서 수수작용授受作用이 가장 이치에 맞지 않느냐는 등 점점 기이한 용어와 궤변을 늘어놓으며 나를 함정으로 몰아넣으려 한다. 이 세상의 모든 것이 음과 양으로 되어 있지 않느냐는 등 억설臆說이다. 박해란 위대한 신앙 운동이 일어날 때마다 있었지만, 결국 신앙이 승리하지 않았느냐며 통일교 같은 신흥 종교를 장로교에서는 어떻게 생각하느냐고 묻는다.

나는 통일교 교리의 모순점 몇 가지를 들춰가며 비판한 후에, 정통 기독교에서는 통일교를 이단 중의 이단으로, 반사회적 사교邪敎 집단으로 간주한다며 그의 궤변에 일침을 가했다.

그는 통일교 신자였다. 신자일 뿐만 아니라 중책을 맡은 열렬한 광신도인 듯하다. 혈기를 부리며 나를 설득하러 열심히 궤변을 늘어놓았으나 결국 통일교 교리에 관해 내가 던진 유도 신문에 걸려들어 꼬리를 내리고 배가 선착장에 닿자 슬그머니 사라졌다.

한여름의 흑산도, 바람결에 묻혀온 숱한 꽃잎

:

오후 5시가 되어 배가 흑산도 예리曳里에 도착했다. 흑산도는 한 면으로서 홍도, 장도長島 등 여러 도서로 이루어져 있다.

예리 앞바다에는 닻을 내린 고기잡이배 십여 척이 정박해 있었고, 그 사이로는 전마선들이 분주하게 오간다.

하선하자마자 하룻밤 묵을 숙소를 찾으려고 여기저기 돌아다니다 어느 곳을 지나게 되었는데, 초가집 기둥이나 벽에 서울관, 청춘관, 목포관 등과 같은 간판들이 곳곳에 걸려 있었다. 아마 20여 개는 됨직한데, 이곳을 여관으로 알고 지나가는 젊은이에게 물으니 술집이라며 우리를 이상한 눈빛으로 쳐다본다.

야한 차림의 색시들이 마루나 평상에 걸터앉아 담배를 피우며, 오가는 사람에게 계속 추파를 던진다.

목포에서처럼 이곳에도 많은 술집이 있는데, 이곳에서는 화장을 짙게 하고 야하게 옷을 입은 색시는 거의 술집 여자라고 해도 틀림이 없다고 한다. 색시들 가운데는 이곳 아가씨들도 있고 고기철을 맞아 목포, 광주, 서울 등지에서 원정 온 아가씨들도 있단다. 이곳은 7월부터 다음 해 2월까지 파시波市로서 고깃배들이 몰려들어 성황을 이루기 때문에 이런 여자들이 고깃배를 따라 유동한다고 한다.

길 복판에서는 십여 명의 젊은이들이 돈을 걸고 윷놀이를 하는데, 두 군데나 눈에 띈다. 한판에 100원에서 몇천 원 걸고 내기를 하기도 한다. 고깃배들이 모여드는 철에는 어김없이 도박꾼들이 그림자처럼 따라다닌단다.

술과 색시들과 도박꾼들이 들끓는 바닷가, 이런 곳이 고기잡이에 지친 몸을 풀기 위한 어부들의 안식처인가라는 생각을 하며 어촌의 생활상을 새로이 인식하게 되었다.

좀 한적한 곳에 있는 민가에서 하룻밤을 보내게 되었다. 물어물어 가며 어렵게 찾아낸 집이었다. 배에서 시달리고 여행으로 심신이 피곤하여 저녁 식사를 마치고 쉬려고 하는데, 인근에서 예배당 종소리가 울려온다. 수요예배를 알리는 종소리였다.

찾아 올라가니 「대한예수교장로회 흑산 예리교회」였다. 안으로 들어가니 마루에 남자 3명 여자 1명이 앉아 열심히 찬송가를 부르고 있다. 예배를 마칠 때는 20여 명이 모였다. 예배를 마치고 목사님에게 인사하니 어디서 왔느냐며 반긴다. 내일 이곳 목사관으로 와서 이야기를 나누자고 한다.

어느 어촌에서나 그렇듯이 밤의 바다 풍경은 해무로 덮여 어슴푸레하고, 뱃전의 불빛만 파도에 출렁이며 반짝거린다. 교회를 나와 숙소로 내려오는데 바닷바람이 상쾌하게 스며온다.

골목 어귀 어느 곳에서 아가씨들의 노랫소리가 밤공기를 흔들며 밤새껏 흘러나오고 있다. 이젠 그만 자야 한다.

흑산도-예리-진리-장도-홍도

진리에서 만난 서양 신부

:

아침 식사를 마치고 홍도紅島로 떠나는 배편을 알아보기 위해 주인아주머니에게 작별 인사를 하고 선착장으로 가는데, 어떤 젊은이가 다가오며 말을 건넨다. 어제 홍도에 간다고 하지 않았느냐며, 자기도 서울에서 와서 관광차 홍도에 가려고 하는데 마침 거기로 가는 조그마한 기계 배가 있으니 같이 가자는 것이다.

흑산도와 홍도를 오가는 정기선은 없고, 목포에서 예리曳里를 들러 홍도까지 오가는 배가 한 주일에 한 차례씩 있는데 다음 주에 들어온다고 한다. 여정이 바빠 전마선이라도 타고 가려 생각하고 있었는데 그것으로는 갈 수 없다고 한다.

홍도에 가기 위해 여기에서 다음 주까지 기다리느냐, 여행일정이 촉박하니 홍도 관광은 여기에서 접고 목포로 되돌아가 제주도를 일주하고 상경하느냐, 이런저런 생각 중이었는데 홍도로 가는 배편이 있으니 같이 가자는 젊은이의 제안에 얽혔던 매듭이 한순간에 풀리는 기분이다.

아침 7시 40분 배가 출항했다. 곧이어 배에서는 밥을 짓고 싱싱한 회를 치며 아침 준비를 하는데, 동행한 사람이 술병을 꺼내니 술판이 벌어져 너 한잔 나 한잔 신이 났다. 우리는 동석하지 않고 주마등처럼 스쳐 지나가는 경관을 구경하며 조용히 앉아 있었는데, 저들은 우리에게 회라도 먹으라며 여러 번 권한다.

나는 배가 출렁이며 항해하는 동안 지금까지 별 탈 없이 여행할 수 있도록 지켜주신 주님께 마음속으로 감사의 기도를 드렸다. 배는 예리를 떠나 진리鎭里에 들러 짐을 싣곤 약속한 여객을 기다리며 두 시간 정도를 머물러 있었다.

진리에는 지붕을 홍색으로 이은 개신교 예배당(성결교회)과 청색으로 이은 천주교 성당이 서로 마주 보고 있었다.

천주교는 신자들에게 밀가루를 무상으로 나눠주며 교인을 관리하고 있었다. 오늘도 밀가루 18포대를 섬 몇 군데에 실어 보내려 성당 관계자들이 선창에 나와 있었다. 신자인 듯한 부인 여러 명이 밀가루 포대를 이고 나와 배에 싣는다.

야산 자락에 올라 섬 주변 바다를 굽어보니 크고 작은 섬들이 흩뿌려놓은 듯 원근해에 널려있다.

천주교에서 세운 성모중학교를 둘러보고 있는데, 서양 신부 한 분이 다가와 어디서 왔느냐, 처음 왔느냐 등등 이런저런 질문을 한다. 흑산면에 거주하는 신자 수를 물으니, 1,900명이란다. 신부는 묻지도 않았는데, 앞바다에 정박해 있는 하얀 배를 가리키며 자기네 기계 배라고 자랑이 자자하다.

성모중학교는 3학급으로 교무실이 옆에 붙어 있었다. 방학으로 학교가 비어 고적한데 교사인 듯한 젊은이 두어 명이 탁구 시합을 하며 떠들썩하다.

소형 동력장치를 붙인 거룻배에 14명이 타고 짐도 많이 실었으니 배가 물살을 가르며 나가는 게 힘겨워 보인다. 읍동邑洞에 들렀을 때 세 사람이 내리고 밀가루 몇 포대도 내려놓고, 장도長島에서도 여러 사람이 밀가루 포대를 하나씩 들고 내리니 하중이 가벼워진 배가 파도를 타고 섬 사이를 힘차게 벗어난다.

청옥색 망망대해를 가르는 통통배

:

배가 완전히 섬을 벗어나니 망망대해 서해는 청옥색이다. 배는 나침판의 방향 침을 따라 물결을 가르며 나간다. 조그마한 스크루가 이 배의 원동력이다. 염분 습기를 묻혀 오는 바닷바람은 상큼하리만큼 신선하고, 8월 한더위에 내리쬐는 햇볕은 젊음의 정열만큼이나 뜨겁다. 이름을 알 수 없는 은빛 고기들이 물 위로 뛰어올랐다 잠기곤 하며 물놀이하고, 갈매기 떼가 하늘을 휘저으며 오르내린다.

□ 홍도 앞바다에 솟아있는 바위들

배는 한 시간이 넘도록 통통거리며 항해를 계속했다. 멀리에 검은 점처럼 떠 있는 것이 눈에 들어온다. 해녀들이다. 해무에 덮여 돌섬 몇 개가 아련하게 보인다. 저곳이 홍도라며 사공 영감이 씩 웃는다. 영감은 밀짚모자를 이마 위로 치켜 쓰고 싱글거리거나 껄껄대며 낙천적이다. 올해 55살인데 홍도에서만 33년을 보냈다며 세월의 덧없음을 한탄하는 듯한 표정을 짓는다.

배가 섬으로 가까이 다가가니 그 윤곽이 차차 나타나기 시작하는데 섬 주변에는 홍갈색 바위들이 바다에서 솟아난 듯, 바다 위에 떠 있는 듯 흩어져 있다. 울창한 숲으로 에워 쌓인 붉은 바위 섬, 이곳이 바로 홍도!

배가 물가로 접안하는 동안 나는 좌우를 번갈아 보며 주변 경관에 할 말을 잃었다. 바닷속을 들여다보니 햇빛을 받은 물결이 출렁이는 대로 빛 무늬가 춤을 춘다. 바닷속 모래에 널려있는 조그마한 자갈들, 치어들의 움직임 등을 보며 커다란 수족관 같다는 느낌이 들었다. 누가 이 청정 바다의 신비, 그 신성함을 경탄치 않을 수 있으랴.

배에서 내려 바닷가 바위에 걸터앉아 잠시 쉬고 있는데 조그마한 배 대여섯 척이 들어온다. 한 배에 십여 명씩 해녀가 타고 있다. 배에는 우뭇가사리가 가득 실려 있었고, 해녀들의 망사리에도 모두 우뭇가사리뿐이다. 왜 우뭇가사리만 따느냐고 물었더니 이것이 다른 해초나 해산물보다 비싸게 팔리기 때문이란다. 우뭇가사리 한 근에 80원에서 100원씩 받으며 일본에 수출하는데, 이것이 홍도의 주요 수입원이란다. 동해 북단 대진항에서 갓 잡아 온 생오징어 20마리 한 두름이 100원이니 다른 해산물을 채취하지 않는 이유를 알 것 같다.

해녀의 섬, 홍도

:

홍도를 서해의 낙도 정도로만 알고 있었는데, 실제로 들려 곳곳을 구경하니 듣던 대로 소금강이다. 그런 만큼 홍도에 관한 이야기도 많이 있다.

홍도는 서해 낙맥落脈이라고 하는 황해도 줄기가 파도에 밀려 서해 남쪽까지 내려온 돌섬이므로 이곳의 암석이 황해도 바다의 돌과 같다고 하는 전설, 석층石層을 이루고 있는 기암절벽이 모두 홍갈색이기 때문에 옛날부터 붉은 섬 홍도紅島라고 불렸다는 이야기, 일본이 한국을 저들의 손아귀에 넣은 후 홍도 앞 해상을 통과할 때마다 20여 개의 섬이 홍도 근해에 흩어져 있는 모양이 매화꽃 같다며 매가도梅加島라고 했다는 일설—說도 있으나 그럴듯하게 엮어놓은 이야깃거리 같다는 느낌이 든다. 내가 가지고 간「한국관광공사 지도」

(1965. 3.20. 발행)에서는 홍도를 찾을 수 없었다.

홍도는 목포에서 서쪽으로 62해리(115km) 떨어진 지점에 있다. 그 크기가 1,774,953평인 조그마한 낙도로서 173가구 976명의 주민이 살고 있는데 20가구 127명은 농업에 종사하고, 17가구 93명은 여러 업종에 종사하며, 나머지 136가구는 바다에 의지하고 생계를 이어가고 있다(1965년 관광 홍보자료). 어업을 생업으로 하는 가구의 경우 남자들은 주로 고기잡이를 하고, 부녀자들은 해산물을 채취해서 생계를 꾸려간다고 한다.

□   필자가 그린 홍도 바위 절경

이 섬에는 교회가 하나 있고, 좀 떨어진 곳에 초등학교(흑산초등학교 분교)가 있다. 그리고 4만 촉광짜리 아름다운 등대(1931년 2월 점등 시작)가 홍도 2구 산 위에 있다.

홍도는 1구, 2구로 나뉘는데 우리가 머물러 있는 곳은 1구로서 60가구에 약 300여 명의 주민이 살고 있으며, 집마다 해녀 한두 명은 있다고 한다. 1구에만도 100여 명의 해녀가 있다고 하니 홍도 주민 세 명 가운데 한 명은 해녀인 셈이다. 홍도를 애칭愛稱으로 '해녀의 섬海女島', '해녀의 성海女城'이라 부를 수도 있을 법하다는 생각이 얼핏 머릿속을 스쳐 간다.

이곳 바다는 청정 지역이라 해초류가 풍부하지만, 물이 차서 물질은 칠팔월 두 달만 한다. 그나마 날이 구질거나 장마철이나 태풍이 올라오면 바다에 들어갈 수 없어 해녀들의 수입은 천기天氣에 크게 좌우된다. 물질할 수 있는 날 수는 일 년에 20일 정도인데, 이 짧은 기간 동안 해녀마다 하루에 몇만 원씩 벌어들인다.

이곳 주민은 아주 오래전부터 부락민 간의 족내혼族內婚으로 친인척 관계를 이어가고 있었는데, 요즘은 젊은이들이 산업단지나 도시의 개인 사업장에서 일하며 그곳에서 배우자도 만나기 때문에 이 섬만의 결혼 관습인 내혼제內婚制가 유명무실해졌다고 한다.

나는 산업화 물결이 신화 속의 낙원 같은 이 섬의 관습마저 이질화해가는 현장의 소리를 들으며 머지않은 장래에 이 비경은 개발이라는 미명으로 훼손되어 옛 섬의 정취와 감흥을 느낄 수 없게 되리라는 쓸쓸한 생각을 하게 되었다.

인간이 자연을 정복해 가는 과정이 과연 인간을 행복의 길로 인도하는 척도인가! 한국의 마지막 천연의 절경, 이 섬만이라도 있는 그대로 남겨 두었으면 하는 바람은 내 욕심일 테지.

사공 영감 고모님 댁에 여장을 풀고

:

사공 영감이 우리 세 명을 고모님 댁으로 데려가 귀한 손님들이라고 소개하며 유숙을 부탁하여 이곳에서 숙소 찾는 어려움을 덜게 되었다. 나중에 알게 되었는데, 그때까지 홍도엔 여관은 물론 여인숙조차 없었다고 하니 영감님의 배려에 감사하는 마음이 깊어진다.

이 집은 이 섬에 있는 다른 집보다 높은 곳에 자리 잡고 있으며, 비교적 생활이 괜찮은 듯하다. 마당에 들어서니 가마니에 널려 있는 우뭇가사리에서 물이 흘러 땅을 적시고 있고, 마루에 놓여 있는 라디오에서는 유행가가 흘러나오고 있다. 방 안에서는 젊은 여자가 옷을 여미고 있다. 머리는 젖어 있었다. 방금 우뭇가사리를 따온 해녀였다.

주인 할머니에게 인사를 드리고, 마당을 둘러보며 아래쪽을 내려다보니 이 마을 한 곳에 조그마한 집들이 옹기종기 모여 있고, 바닷가엔 폐선인 듯한 작은 배 몇 척이 모래 위에 얹혀 있는데, 동네 아이들이 그 안에서 놀고 있다. 바다에는 붉은 돌섬 여러 개가 여기저기 솟아있고 구멍이 뚫려 있어 동굴처럼 보이는 바위도 있다.

몸을 씻고 방 안에 누우니 긴장이 풀리며 무어라 표현할 수 없는 행복감이 밀려온다. 멀리서 들려오는 은은한 파도 소리는 서글픔과 외로움이 뒤섞인 듯한 느낌을 안겨준다. 행복감과 서글픈 외로움, 서로 뒤엉켜 엄습해 오는 이 감상적인 신비감. 이런 게 외진 낙도에 첫발을 내디딘 내게 잔잔히 흘러들었다.

홍도를 일주하며

격랑을 헤쳐가며 공포 속 홍도 일주

:

아침을 물리고 났는데, 사공 영감이 인사하러 찾아왔다. 인사를
마치고는 어제 탔던 배가 홍도 2구에 짐 싣고 가는데 홍도를 일주
하며 구경하려면 같이 가자는 것이다.

배가 통통거리며 홍도 동편 앞바다를 지나가는데, 아침 햇살이
섬에 비추어 빨간 석벽이며 돌산의 명암이 더욱 선명하고 뚜렷하
다. 파도는 바위에 부딪혀 하얀 물안개를 흩날리다 사그라들고, 다
시 밀려와 바위를 기어오를 듯 부딪치고 부서지기를 되돌이한다.
치솟은 층암절벽層巖絶壁 위에 몇 포기 풀이 나기도 하고, 암석 기둥

시간에서 공간으로

□   ❶~❼ 홍도 일주하며 배에서 찍은 사진들 ❽ 필자(오른쪽)와 김 목사님(왼쪽)

과 같은 기암의 흑석들 사이 계곡으로는 가파른 경사지에 숲이 무성하다. '이곳에 누가, 어떻게 첫발을 들여놓게 되었을까.' 얼핏 이런 생각을 하며 내심 경탄을 금치 못했다.

어떤 암석은 높이가 50~60m는 족히 됨직한데, 그 밑에 약 10m씩 되는 천연 굴이 여러 개 있다. 곳곳에 솟아 있는 바위와 바위 사이 틈새로는 하늘과 맞닿은 수평선이 아련히 보이기도 하니 지상에서 이보다 아름다운 곳이 또 어디 있으랴. 이 세상에 이렇게 기기묘묘하고 장관을 이룬 절경지, 붉은 돌섬이 또 어디 있으랴.

그뿐이랴 어떤 것은 집채 같은 암석들을 층층이 쌓아 올려놓은 듯 포개져 있다. 바다 쪽으로 기울어진 암석을 좌우에서 붙잡아 두기라도 하려는 듯 배배 뒤틀린 소나무 몇 그루가 그 곁에 뿌리를 내리고 불안하게 버티고 서 있다. 나는 이 한 폭의 그림을 보며 할 말을 잃었다.

섬 둘레가 온통 기암절벽이다. 뾰족하기도 하고 평퍼짐하기도 하며, 불쑥 튀어나왔는가 하면 동굴처럼 커다란 구멍이 있는 바위들도 있다.

바람이 점점 거세게 몰아친다. 발동이 몇 번씩 꺼졌다 걸리기를 반복하며 배가 2구 바닷가까지 왔으나 거친 파도로 접안할 수 없었다. 사공 영감은 배가 바위에 부딪히지 않도록 긴장대로 밀어내며 온 힘을 다 쏟고 있었다. 싣고 온 짐은 못 부리고 승객 세 명만 뛰어

내렸다. 검은 구름은 암석과 수림을 회색빛으로 덮으며 밀려오고 있다. 흩어져 있는 돌섬들은 짙은 운무로 멀리 있는 듯 아스라이 보인다.

지난밤에 태풍주의보를 들었으나 그만 깜박 잊어버리고 배를 탄 게 잘못이었다. 나는 이 와중에도 기암절벽과 층층이 쌓인 암석들을 힐끔힐끔 곁눈질해 보곤 했다. 이 별스러움을 역마살이 붙은 광기라고 해야 하나, 괴기라고 해야 하나.

거칠게 쏟아붓는 빗물과 뱃머리로 넘쳐 들어오는 바닷물이 배 바닥에서 출렁인다. 우리는 밀가루 포대를 옮겨 놓으며 너나없이 모두 물을 퍼내느라 정신이 없었다.

사공 영감은 키로 배를 조정하며 다급한 목소리로 지시한다. 거센 풍랑이 잦아들 기미가 보이질 않는다. 배 바닥에 고여가는 물은 아무리 퍼내도 줄어들지 않는다.

본래 이 배는 칠팔 명 정도 탈 수 있는 노 젓는 배였는데 여기에 작은 발동기를 달아 기계배로 개조한 것이므로 발동이 꺼지면 노를 저어야 한다. 하지만 비바람이 몰아치는 이런 상황에서 노를 저어가며 격랑을 헤쳐간다는 것은 사실상 불가능한 일이다.

죽음의 손길이 뻗쳐오는 것같이 느껴지는 공포. 이젠 너나없이 마지막을 생각하고 있는 듯하다. 발동이 자주 꺼지는 것도 공포심과 불안감을 더욱 증폭시켰다.

영감님은 발동을 걸려고 발동기 줄을 계속해서 당긴다. 그러기를 수십 번, 마침내 발동이 걸렸다. 배가 파도 위를 오르내리며 몇십 분을 달려 홍도 1구 해안으로 접안해 가는 순간, 너나없이 모두 넋이 나간 듯 말이 없었다. 배가 섬에 다가가자 바닷가에 나와 있던 사람들이 함성을 지르며 손을 흔든다. 나는 잊히지 않는 추억의 공포도 여행의 한 과정으로 일기에 적어놓았다.

홍도 등대에서

:

오늘(8월 25일) 홍도를 떠나는 날이다. 한 주일 동안 많은 추억을 새겼던 아름다운 섬, 언젠가 다시 오리라! 우리는 주인 할머니 가족들과 작별 인사를 나누고 배에 올랐다.

배가 홍도 2구에서 한두 시간가량 머문다기에 이 기회에 홍도 등대에 가보기로 했다. 산등성이에 높이 세워져 있는 등대 위에서 섬과 원근 주변까지 굽어보니 바닷가나 배로 일주하며 보던 섬에 대한 인상과는 전혀 다른 전경이 내 가슴에 새로운 느낌으로 와닿는다.

□　❶홍도 등대(1965. 8. 25.) ❷등대 위에서(왼쪽부터 김 목사님, 필자, 동행한 관광객)

홍도를 일주하며

1965.8.26.
맑음

목포-해남 대흥사-제주도

해남 두륜산 대흥사

:

오늘도 날이 무더울 것 같다. 아침부터 하루의 일정을 생각하며
부둣가로 달려가니 8시 선편이 해남읍까지 가는데, 그곳에서 대흥
사까지 얼마나 떨어져 있는지 알 수가 없다.

저녁 6시 가야호 편으로 제주도로 떠나야 하기에 늦어도 5시까
지는 목포로 돌아와야 한다. 시간과 거리상으로 계산해보면 지금의
결행이 무모하게 보일 것이다.

버스와 합승을 바꿔 타며 대흥사에 이르니 11시 30분. 1시에 이
곳에서 목포로 가는 직행버스가 있기에 차 시간에 맞추려면 사찰

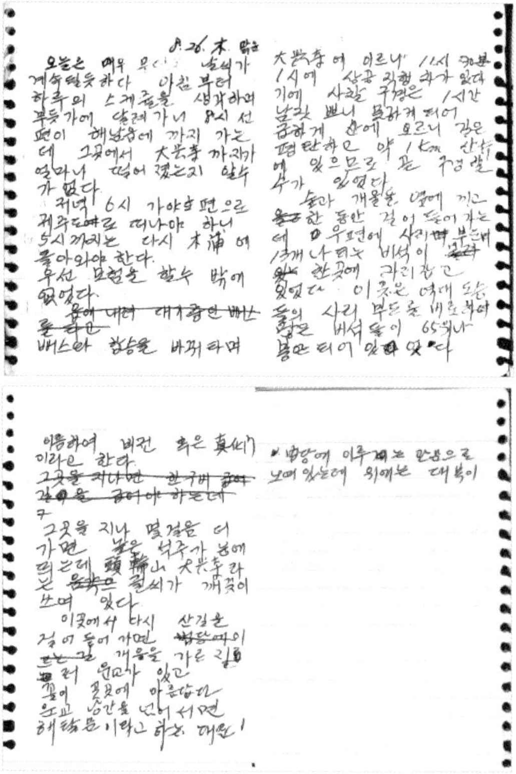

□ 메모 수첩(1965년 8월 26일)

구경을 1시간 남짓밖에 할 수 없어 서둘러 산속으로 들어갔다.

숲과 개울을 옆에 끼고 한참 걸어 들어가다 진화문眞化門 앞에 서게 되었는데, 그 안쪽 부도밭에 역대 도승들의 사리 부도 56기와 탑비 17기가 한 곳에 가지런히 모셔져 있었다.

그곳을 지나 좀 더 올라가면 높은 석주가 눈에 띄는데, 두륜산대흥사頭輪山大興寺라는 글씨가 깨끗이 쓰여 있다.

이곳에서 산길을 걸어 한참을 더 들어가면 개울을 가로질러 운교가 있다. 그 주변 곳곳에 꽃이 피어 있어 한적한 심산에 경건한 아름다움을 더한다. 운교를 넘어서면 해탈문이라고 하는 대문이 7법당에 이루는 관문으로 놓여 있다.

□   두륜산 대흥사 해탈문

대흥사는 신라 진흥왕 5년에 창건된 사찰로 북미륵암 마애여래 좌상北彌勒庵 磨崖如來坐像을 비롯하여 유서 깊은 고적과 유물 등 국가 지정 문화재가 많이 있다. 경내 좌우에는 화려하게 단장한 당우堂宇 30여 동이 자리 잡고 있다.

사찰 경내를 두루 돌아보고 천불전千佛殿에 들렀는데, 불심佛心의 깊은 속을 보여주는 듯하여 내 마음에도 외경스러움이 엄습해 온다. 수목이 울창한 두륜산이 절을 감싸 안은 형태로 둘러 있다.

1965년

1965년
나에게 그 해가 무슨 의미가 있었냐고 묻는다면
펜과 잉크와 원고지의 노예가 되고 싶었고
창조의 신비를 깊이 더듬어 보고 싶었는데
그 꿈이 영글어가고 있었다고 말할 수 있으리라
차분한 맘으로 그해를 되돌아보니
꽃과 꿀과 향기에 취해 꿈속을 유영하듯 했던 순간도
내게 깊은 의미를 안겨준 해였다고 말하리라

1965년
나에게 그 해가 무슨 의미가 있었냐고 다시 묻는다면
내 살과 피와 영혼의 흙을 밟아보았고
낯선 삶의 자리마다 찾아가며 나를 섞어보았으며
사람과 사람 사이의 흙벽을 허물며
장마와 작렬하는 태양과 폭풍우를 견뎠었다고
긴 여정은 죽음과도 바꿀 수 있었던, 하지만
역마살이 낀 광기로 보낸 여름이었다고 말하리라

1965년
그래 동해안 휴전선 철책 앞에서 서해 낙도 홍도까지
그런데 그 붉은 돌섬이 예이츠가 찾던 이니스프리*던가
영산의 섬 탐라에선 무엇을 보았는가
첫발을 디뎠던 1961년 낯선 풍습과 숱한 핏자국
바닷가 잡풀 둔덕 곳곳에 세워진 검은 비석들
공비들에 의해 몰살된 순경 가족의 젖먹이 이름까지
지금은 그 비석들이 흔적도 없이 사라졌더군

1965년
연분홍 꽃 편지 되새겨 읽으며
애련한 맘에 맴돌곤 하던 뽀얀 얼굴
초롱한 눈동자, 그 수정 호수 속으로
나, 깊이 잠겨 들곤 했으니

그해는 아름답고도 아릿한 느낌으로

잠들지 못하고 있는 내 가슴에

여름밤의 꿈길을 열어주곤 했다네

_ 한숭홍

---

* 이니스프리: 아일랜드의 낭만파 시인 윌리엄 예이츠(William B. Yeats)의 시, 「이니스프리
   의 호수섬The Lake Isle of Innisfree」에서 향토색 짙은 목가적 시상으로 묘사된 이상향.